Le Principe LOL^{2}A

RENÉ EGLI

Le Principe LOL²A
ou
La perfection du monde

Traduit de l'allemand
par Barbara et Alain-Yan Mohr

Avec la collaboration
de Françoise Egli et Nicole Duss

J'AI LU BIEN ÊTRE

Collection dirigée
par Ahmed Djouder

Titre original :
DAS LOL²A-PRINZIP

Préface à l'édition poche

Lorsque, en 1993, j'ai envoyé mon manuscrit *Das LOL²A-Prinzip* (en français *Le Principe LOL²A*) à des maisons d'édition suisses et allemandes, les réponses ne se sont pas fait attendre : aucune d'entre elles n'en voulait. Non seulement j'étais un parfait inconnu, mais le titre avait dû leur paraître bien curieux. Alors j'ai décidé de le publier moi-même.

Le premier tirage a été de 2 000 exemplaires ; j'étais persuadé que cette quantité suffirait pour plusieurs années. Un an après sa sortie, c'était en 1995, un ami m'informe que mon livre est en tête des ventes en librairie. Ce fut un véritable choc ! Jamais je n'aurais pu imaginer une chose pareille, un aussi beau succès.

Pendant des mois, *Das LOL²A-Prinzip* est resté numéro 1 des ventes sur les listes des best-sellers. Les journalistes ont commencé alors à s'y intéresser. Un journal a même titré : « La fièvre "LOL²A" en Suisse ». Un économiste qui écrit sur l'amour d'un point de vue économique, ce n'est pas banal !

À partir de là, ma femme, Françoise, qui est française, et moi-même avons commencé à animer, en Suisse, en Allemagne et en Autriche, un grand nombre de séminaires sur ce thème.

Il est loin le temps des premiers 2 000 exemplaires tirés ! C'est, à ce jour, plus de 700 000 exemplaires qui ont été vendus et un million pour l'ensemble de nos livres. Ils ont tous été traduits en une dizaine de langues.

Depuis la publication du *Principe LOL²A*, j'ai une vie vraiment passionnante et je remercie ma famille, mon entourage et mes lecteurs de m'accompagner dans cette merveilleuse aventure.

Je vous laisse découvrir la philosophie de vie qui m'inspire depuis plus de trente ans et qui a changé le cours de mon existence. En mettant en pratique la formule du *Principe LOL²A*, vous verrez qu'il est possible d'atteindre bonheur et succès et que c'est beaucoup plus simple que vous ne l'imaginiez.

René EGLI

Sommaire

Le monde, ami Govinda, n'est pas une chose imparfaite ou en voie de perfection, lente à se produire : non, c'est une chose parfaite, et à n'importe quel moment.

Hermann Hesse, *Siddhartha*

À mon avis, il doit exister à la base de tout une idée totalement simple. Toujours à mon avis, lorsque nous aurons finalement découvert cette idée, elle nous paraîtra tellement belle et convaincante que nous nous dirons : Mais bien sûr ! Comment aurait-il pu en être autrement ?

John Wheeler, physicien
The Creation of the Universe

Introduction 1

Dans l'immensité du cosmos flotte un grain de poussière, parmi des milliards d'autres grains de poussière. Ses habitants l'ont nommé « planète Terre ».

Depuis des milliers d'années, il s'y produit des choses étranges. Les êtres qui y vivent – et se nomment êtres humains – passent le plus clair de leur temps à se combattre et parfois même à se tuer. Tout cela pour des raisons totalement incompréhensibles pour un observateur extérieur. Ils ne semblent pas directement intéressés à asseoir leur autorité sur l'ensemble du grain de poussière, mais cherchent à tout prix à en dominer une partie minuscule.

Tout aussi incompréhensible, depuis des milliers d'années, ces êtres humains croient qu'il n'existe pas d'intelligence supérieure à la leur dans toute l'immensité du cosmos. Sans avoir la moindre idée de la manière dont l'univers fonctionne, ils se considèrent comme la couronne de la création. Encore aujourd'hui, des théories prétendent que l'homme, point culminant de l'évolution, est par nature agressif et doit, par conséquent, apprendre à vivre avec les conflits, les guerres, les tueries.

Pour quelques instants, considérons vraiment la Terre comme un grain de poussière dans tout le cosmos. La scène suivante devient facile à imaginer : depuis les tréfonds de l'univers, des êtres plus évolués visitent périodiquement la Terre, tous les mille ans environ – que pèsent mille ans face à l'éternité ? Ils viennent voir si, depuis leur dernière visite, l'humanité a enfin saisi comment « ça » – la vie – fonctionne. Chaque fois, ces visiteurs repartent déconcertés, stupéfaits que les êtres humains n'aient encore rien compris. Pour tout esprit évolué, ce manque de discernement reste une énigme.

Ce livre parle de la vie. C'est une tentative de mode d'emploi pour la vie. Nous avons des manuels d'utilisation pour les voitures, les machines à laver, les réfrigérateurs, les télévisions, ainsi de suite. Et maintenant, voici un mode d'emploi pour la vie. Cela pourrait se révéler très utile pour certains.

Il se pourrait qu'il n'y ait aucune loi naturelle qui nous force à nous combattre et à nous tuer les uns les autres.

Il se pourrait qu'il n'y ait aucune loi naturelle voulant que la vie soit faite d'une suite de petits et grands problèmes.

Par contre, il se pourrait qu'à force de violer les lois naturelles notre vie soit devenue inutilement difficile.

Et il se pourrait que le Principe LOL^{2}A vous montre le chemin vers la solution de tous ces problèmes. Mais vous ne le saurez qu'en appliquant ces principes dans votre vie. À ce moment-là seulement, vous pourrez déterminer si Hermann Hesse avait raison lorsqu'il écrivait, dans *Siddhartha* :

« Le monde, ami Govinda, n'est pas une chose imparfaite ou en voie de perfection, lente à se produire : non, c'est une chose parfaite, et à n'importe quel moment. »

Introduction 2

Lorsque nous parlons d'enseignement, de sagesse, de philosophie ou de principes fondamentaux de l'existence, nous pensons très souvent aux sagesses de l'Est. En effet, il y a eu – et il en existe encore aujourd'hui – des maîtres ou des gourous qui sont parvenus à une connaissance considérable. En ce qui concerne ce livre, j'aimerais préciser la chose suivante : premièrement, je ne fais pas de distinction entre les sagesses de l'Orient et celles de l'Occident. Soit ce sont des lois fondamentales, alors, elles s'avèrent valables partout dans le monde et le cosmos, soit ce ne sont pas des lois fondamentales, et elles ne sont valables nulle part. Deuxièmement, je ne traite pas ces sujets à partir d'un point de vue uniquement occidental, mais d'abord à partir d'une perspective économique. Je suis économiste avant tout, ce qui se remarque dans le Principe LOL^2A.

En tant qu'Occidental et économiste, il m'est très difficile de méditer pendant des heures ou des années sur des mantras ou sur le « vide ». J'admire ceux qui en sont capables, mais je doute que, pour beaucoup de gens, spécialement en Occident, cela soit le meilleur moyen pour résoudre leurs problèmes. J'ai aussi l'impression que la plupart de ces enseignements sont réservés à une élite. Et il me semble impossible que seule une petite élite puisse parvenir aux sommets de la connaissance et puisse résoudre ses problèmes de manière optimale.

À mon avis, nous avons besoin d'un comportement qui permette à chacun de régler ses problèmes immédiatement et d'atteindre ses buts sans avoir à méditer pendant des années. Si nous exigeons que tout un chacun puisse utiliser ces principes fondamentaux dès maintenant, alors cela signifie que nous n'avons pas besoin de connaissances philosophiques, historiques ou scientifiques. Nous n'avons besoin que d'une chose : du bon sens. Bien souvent hélas, l'abus de connaissances philosophiques ou scientifiques appauvrit le bon sens. Les excès de connaissance rendent parfois aveugle aux vérités les plus simples.

C'est pourquoi je souhaite présenter un principe que chacun puisse appliquer immédiatement dans sa propre vie. Chaque lectrice, chaque lecteur pourra voir si cela fonctionne. Il ne s'agit pas d'une théorie ou d'une philosophie à propos de laquelle nous pourrions débattre ou combattre. Les discussions sur des théories que l'on n'a pas éprouvées dans la pratique ne sont que du temps perdu.

Ici, nous nous intéressons à notre comportement dans la vie quotidienne.

L'essentiel dans la vie

Un jour, Bouddha aurait dit que la question de Dieu, n'étant que pure théorie, ne l'intéressait pas. Mais alors, qu'est-ce qui est intéressant ? Qu'est-ce qui est important ? Nous avons toutes les raisons de nous poser sérieusement ces questions, surtout en Occident. Je suis de cet avis, car j'entends beaucoup de gens dire « je n'ai pas le temps ». Si nous pensons disposer de si peu de temps, logiquement, nous devrions nous occuper de l'essentiel (c'est l'économiste qui parle), de ce qui rapporte le plus. Mais curieusement, même pour cela, beaucoup de gens n'ont pas le temps, comme l'illustre cette petite histoire :

Assis sur la berge d'un lac, un homme tente d'attraper des poissons à mains nues. Un promeneur s'approche, lui tape sur l'épaule et lui dit : « Allons, mon bon monsieur, laissez-moi vous montrer comment on noue un filet ! Vous pourrez attraper ainsi plus de poissons ! » Le pêcheur est tellement concentré sur le lac qu'il n'écoute que d'une oreille et, sans même regarder le promeneur, lui répond : « Je n'ai pas le temps, je dois attraper des poissons ! »

Cela semble trivial, cependant, c'est la réalité quotidienne. Combien de gens se trouvent exactement dans cette situation ? Je n'ai pas le temps pour l'essentiel, je dois me concentrer sur des choses secondaires.

Alors, qu'est-ce que l'essentiel ?

La réponse tient dans cette question centrale :

« Comment puis-je, en un minimum de temps et d'efforts, passer de l'état présent à l'état désiré ? »

C'est déjà tout. Vous n'avez pas besoin de savoir autre chose. Pourquoi ? C'est très simple : dans la vie d'une personne, on peut tout classer en deux catégories : l'état présent et l'état désiré. L'état présent est ce qui est maintenant. L'état désiré est ce qui devrait être ; ce que nous imaginons dans notre esprit. Assez logiquement, nous préférons atteindre nos buts en un minimum de temps et d'efforts. Vous êtes bien d'accord ? Vous vous dites peut-être : ça ne m'étonne pas de la part d'un économiste ; un rendement maximum avec un minimum d'efforts. Mais où se trouvent les sentiments humains là-dedans ? La réponse est simple. Vous pouvez aussi classer les valeurs non matérielles en deux catégories : l'état présent et l'état désiré. L'état présent peut être l'insatisfaction, le chômage, la dépendance de la drogue, la guerre, quand l'état désiré serait la satisfaction, le travail, l'absence de dépendance, la paix. Lorsque je parle d'un état présent et d'un état désiré, je ne pense pas seulement à des buts matériels. Je pense à tout. Le Principe LOL²A est universel. Cela signifie que vous pouvez l'utiliser dans votre vie privée, dans votre vie professionnelle, dans le sport, dans la politique (guerre/paix) et dans l'ensemble de la société. Pour un manager, l'état désiré sera plus de rendement. Pour un bouddhiste zen, l'état désiré sera l'illumination. Pour le peuple palestinien, l'état désiré sera d'avoir un État palestinien. Pour le président des États-Unis, l'état désiré sera peut-être la paix au Moyen-Orient. Pour une mère, l'état désiré sera la croissance harmonieuse de ses enfants. Pour beaucoup de gouvernements, l'état désiré sera la réduction du chômage. Tout ce que vous pouvez imaginer appartient à l'une de ces deux catégories, à l'état présent ou à l'état désiré. À partir de là, le Principe LOL²A vous montre comment vous pouvez atteindre votre propre état désiré en un minimum de temps et d'efforts. Je n'ai encore jamais rencontré quelqu'un qui souhaite atteindre ses objectifs en un maximum de temps et d'efforts.

Cependant, la loi du moindre effort est en totale opposition avec notre éducation chrétienne et occidentale. Nous avons appris que nous devions gagner notre pain à la sueur de notre front. Plus vous faites d'efforts – plus vous combattez – plus vous avez du mérite. Certains sages orientaux partagent la même conviction. L'autre jour, j'ai lu dans un livre sur le Zen et le Management que le lecteur ne devait pas se faire d'illusions, des efforts considérables lui seraient demandés. Là derrière se trouve toujours la même idée : celui qui s'épuise à la tâche sera récompensé. Le Principe LOL²A prétend exactement le contraire. Personne n'a besoin de se tuer à la tâche. Il existe une façon plus simple et plus rapide de résoudre nos problèmes et d'atteindre nos buts. Même si je me trouve en contradiction avec plusieurs philosophies, je me sens pourtant en très bonne compagnie, car Jésus, l'un des plus grands sages de tous les temps, affirmait :

> **« Regardez les oiseaux dans le ciel : ils ne sèment ni ne moissonnent, et ils n'amassent rien dans des greniers ; et votre Père céleste les nourrit. Ne valez-vous pas beaucoup plus qu'eux ?... Considérez comment croissent les lis des champs : ils ne travaillent ni ne filent ;**

cependant je vous dis que Salomon, même dans toute sa gloire, n'a pas été vêtu comme l'un d'eux. » Mt. 6, 26.

Aucune référence au fait que nous devions atteindre nos buts à force de fatigue et d'efforts... Dans tout ce qu'a dit Jésus, on trouve des principes économiques. Vous ne trouverez nulle part des principes économiques aussi radicaux que ceux exprimés par Jésus. Il est intéressant de voir combien notre culture et notre éducation se sont si peu inspirées de ces principes. L'idéal du travailleur laborieux est en contradiction totale avec les paroles de Jésus. N'allez toutefois pas penser que je fais ici l'apologie de la paresse. Je propose simplement une autre approche économique.

Une autre remarque importante s'impose en ce qui concerne l'état désiré : je n'entends pas vous démontrer comment atteindre un but particulier. Je désire vous présenter un principe de vie fondamental grâce auquel n'importe quel objectif peut être atteint.

Encore une précision importante : vous ne m'entendrez jamais vous dire quel devrait être votre but. Je ne parle pas ici de bons ou de mauvais buts. Ce sont des jugements humains. Je parle ici de principes qui ne proviennent pas de moi, pas des hommes. Ils ont toujours existé, existent et existeront toujours.

Si nous connaissons ces principes, nous pouvons les utiliser à notre avantage. Si nous ne les connaissons pas, il se peut fort que nous les utilisions à notre désavantage et ainsi, nous risquons de nous rendre la vie inutilement difficile. C'est ce que j'ai fait, inlassablement, durant la moitié de ma vie, jusqu'au jour où j'en ai eu assez. Je me suis dit alors : « Ça ne peut plus continuer ainsi, il doit y avoir une autre approche. » De là est né ce que j'appelle le Principe LOL^2A.

Première partie

Le drame humain

Nous trouvons des consolations, nous trouvons l'oubli passager, mais ce ne sont là que des artifices au moyen desquels nous nous trompons nous-mêmes. L'essentiel, la voie qui, entre toutes les voies, doit nous mener au but, nous ne la trouvons pas.

Hermann Hesse, *Siddhartha*

1. L'expulsion du Paradis

Je ne me reconnais pas le droit
de porter un jugement sur la vie d'un autre.

Hermann Hesse, *Siddhartha*

L'homme traîne avec lui un problème central : il porte continuellement des jugements sur le bien et le mal. Nous nous jugeons nous-mêmes, nous jugeons les autres et nous jugeons les situations. Le hic est que : ce qui est bien pour M. Meyer est probablement mauvais pour M. Muller. Et déjà, les bases du conflit sont installées. Les divisions en bien et en mal n'ont rien à voir avec une loi naturelle. Ce sont des conceptions morales de l'homme qui peuvent changer avec le temps et qui sont parfois différentes d'une région à l'autre. Elles ont une chose en commun : celles de produire des conflits intérieurs et des conflits entre les hommes. Elles constituent la base de controverses belliqueuses.

D'où viennent ces jugements, ces divisions entre le bien et le mal ? Nous les avons apprises à l'école : c'est l'histoire de la pomme d'Adam et Ève. Il est écrit qu'ils ont goûté à **l'arbre de la connaissance du bien et du mal.** Ce qui est frappant, c'est qu'il semble qu'avant le bien et le mal n'existaient pas. Nous pouvons donc envisager une forme d'existence où les notions de bien et de mal sont inconnues. Le nom de cette forme d'existence est aussi mentionné dans l'histoire d'Adam et Ève, même dans son titre : « L'Expulsion du Paradis ». L'état dans lequel aucune distinction n'est faite entre le bien et le mal est clairement nommé « Paradis ». Le Paradis n'est ni un lieu géographique, ni un endroit que nous atteindrons dans un avenir éloigné. De toute évidence, le Paradis est simplement un état d'esprit. C'est un état où l'on ne juge pas, où l'on n'établit pas de divisions entre le bien et le mal. Chaque être humain pourrait donc spontanément se catapulter au Paradis, à condition de cesser de juger le monde – et donc lui-même – en bien et en mal.

Personne ne peut empêcher un homme de retourner au Paradis – à part l'homme lui-même. L'homme n'a pas été expulsé du Paradis. Il s'en est exclu lui-même, en faisant plein usage de son libre arbitre, en mangeant la pomme de l'arbre de la connaissance du bien et du mal. Il s'est lui-même catapulté hors du Paradis. C'est le côté rassurant de toute l'histoire : s'il s'en est expulsé en jugeant, il doit être capable d'y retourner en cessant de juger.

Nous devrions garder une idée clairement à l'esprit :

Dès l'instant où nous avons commencé à diviser en bien et en mal, tous nos problèmes ont commencé.

Chère lectrice, cher lecteur, vous n'auriez aucun problème si vous ne jugiez pas. Veuillez vous accorder le temps de considérer cette question calmement et sérieusement.

Cette division entre le bien et le mal est une attitude typiquement humaine. La nature ne divise pas, elle ne juge pas. Essayez d'imaginer ce qui se produirait si le soleil se mettait à juger ! Il dirait : « M. Muller a commis un assassinat, il n'aura pas de soleil aujourd'hui. Par contre, M. Meyer s'est révélé très serviable envers ses collaborateurs et il a cotisé pour une cause humanitaire, alors il aura davantage de soleil. » Pouvez-vous imaginer le chaos qui en résulterait ? Si vous n'arrivez pas à l'imaginer, regardez simplement autour de vous, constatez ce que l'homme a fait du monde en jugeant. Le résultat n'est pas très harmonieux. Alors réjouissons-nous que la nature, elle au moins, ne juge pas.

Il est d'ailleurs aussi écrit dans la Bible :

« Car Dieu fait lever son soleil sur les méchants et sur les bons, et il fait pleuvoir sur les justes et sur les injustes. » Mt 5, 45.

C'est l'homme lui-même qui s'accroche désespérément au jugement. Je le vois constamment dans mes séminaires : les gens tiennent à leurs jugements comme à leurs plus belles conquêtes. Il est assez facile de comprendre pourquoi. Si nous cessions de juger, nous ne pourrions plus juger nos voisins ni nos collaborateurs. Et ce genre de plaisir, beaucoup de gens ne sont pas disposés à s'en passer. Ce serait bouleversant : soudain, je cesserais d'être meilleur que les autres. Tant que je peux montrer du doigt des soi-disant méchants, je suis bien sûr meilleur. J'en éprouve un bien agréable sentiment de supériorité.

Toutefois, cela engendre une interminable suite de problèmes et de conflits.

Si nous étions vraiment intéressés à l'idée de nous débarrasser de nos problèmes et de nos conflits, il nous faudrait cesser de juger. Mais tant que nous croyons sérieusement que le monde est fait de bien et de mal, nous devons accepter de vivre dans le conflit. Toute tentative de créer un monde de paix apparaît comme une perte de temps. Tant que nous resterons accrochés à nos jugements, un monde de paix ne pourra pas voir le jour. Pour l'individu – vous – cela signifie que vous ne pourrez jamais vivre une vie harmonieuse tant que vous continuerez à vous juger vous-même et les autres.

Voilà qui explique pourquoi la plupart du temps, les Églises, l'ONU et toutes les organisations humanitaires sont incapables de résoudre des problèmes. Au contraire : ces organisations, nourrissant constamment les divisions entre le bien et le mal, génèrent automatiquement de nouveaux problèmes. À sa façon, le psychologue C.G. Jung l'a bien exprimé : « La vertu est plus dangereuse pour l'homme que le vice. » Les jugements d'un homme de vertu ont tendance à être plus marqués que ceux d'un homme de vice et de ce fait, ils entraînent obligatoirement de nouveaux conflits, juste le contraire de l'effet souhaité.

Il est difficile de comprendre pourquoi tant de gens ne veulent pas comprendre cela. Tant d'exemples confirment les notions exposées dans ce livre. Pour moi, l'exemple le plus frappant en politique, ce sont les relations entre Israël et la Palestine. Durant des décennies, ces deux peuples se sont combattus, les uns jugeant les autres plus mauvais. Le résultat, chacun le connaît : des milliers de victimes, des souffrances indicibles pour tant de gens, mais aucun progrès dans le processus de paix, aucun progrès dans la qualité de la vie. Malgré les énormes sommes dépensées – ou à cause d'elles –, les choses n'ont pas progressé. On ne peut vraiment pas parler d'économie. Et soudain, quelqu'un cesse de montrer le poing pour tendre une main ouverte. Presque du jour au lendemain, les choses recommencent à couler. Ce qui était impossible pendant des décennies est tout d'un coup devenu possible, et ce avec un minimum d'efforts.

Il se produit alors quelque chose d'étrange. Malgré tout, certaines personnes s'entêtent à juger, à préférer le conflit à la solution des conflits. C'est leur décision. Mais ils ne devraient pas déplorer les victimes.

Quelque chose d'autre se produit – ou plutôt ne se produit pas. Apparemment nous ne sommes pas en mesure d'imiter la démonstration qu'Israël et l'OLP nous ont offerte dans nos entreprises et dans nos familles. C'est à cela que je pensais quand, dans l'introduction, j'ai parlé de nos visiteurs extraterrestres. S'ils nous gratifiaient aujourd'hui de l'une de leurs rares visites, nos extraterrestres ne constateraient pas de grands progrès dans notre système de pensée. Personne ne met plus en question le fait que la Terre tourne autour du Soleil, mais du point de vue humain, nous ne sommes pas beaucoup plus avancés. Vraisemblablement, peu de gens considèrent que nous avons moins de problèmes qu'avant. L'arrivée de l'homme sur la Lune n'a pas non plus résolu nos problèmes ethniques et n'a pas rendu les chômeurs plus heureux.

L'histoire est pleine d'exemples comme celui d'Israël et de l'OLP. Mais nous n'avons pas besoin des références de l'histoire pour établir des divisions entre le bien et le mal. La plupart des gens trouveront des exemples dans leur propre vie. Si souvent, par réflexe, nous jugeons comme « mal » des événements qui surviennent dans notre existence. Ce n'est qu'après plusieurs années, en prenant du recul, que nous constatons que le soi-disant mal n'était finalement pas si mal, qu'il avait un sens. Mais au moment du jugement, le conflit est déjà créé. Et d'un point de vue économique, le conflit est toujours un gaspillage d'énergie, de temps et d'argent.

Il n'existe pas trente-six solutions : si vous voulez résoudre vos problèmes une bonne fois pour toutes, vous devez cesser de diviser le monde en bien et en mal. Le monde est. Il n'est ni bon ni mauvais. Il est. C'est si simple... et pourtant si difficile.

En toute honnêteté, tant que nous continuerons à diviser le monde en bien et en mal, nous ne devrons pas nous révolter contre nos problèmes personnels ou les problèmes dans le monde. Le seul objet valable de notre « révolte » devra être nous-mêmes, notre incapacité de dépasser cette dualité.

Personne ne nous a jetés hors du Paradis. Nous nous en sommes expulsés tout seuls. Chère lectrice, cher lecteur, le Paradis est là, il n'est éloigné de vous que d'une pensée. Mais s'il vous plaît, ne faites pas l'erreur d'attendre les autres. Vous attendriez longtemps. **Cela ne concerne pas le monde. Cela ne concerne pas les autres. Cela vous concerne, vous.** Le Paradis est là, éloigné de vous d'une pensée – **mais vous devez la penser. Personne ne pourra jamais le faire pour vous.**

Nous reviendrons sur ce thème tout au long du livre. Pour l'instant, je voulais vous rendre conscient du nœud du problème, vous faire sentir où se situe la ligne de séparation entre le Paradis et la souffrance humaine, vous montrer qu'avec nos jugements quotidiens nous nous maintenons à distance du Paradis.

2. Comment devenir un être humain impuissant

Ce qui l'avait empêché de vaincre,
c'était l'abus de la science, des vers sacrés,
des prescriptions rituelles, de la mortification,
de l'action et du zêle.

Hermann Hesse, *Siddhartha*

L'être humain est si puissant qu'il possède même le pouvoir de rejeter son pouvoir et ainsi, de se rendre impuissant. Un très grand nombre d'entre nous choisissent cette alternative. Le refus du pouvoir semble être l'une des occupations préférées de l'homme. Pendant mes séminaires, j'observe sans cesse à quel point les gens luttent pour rester impuissants. Rien n'irrite plus certaines personnes que de s'entendre dire qu'elles ont du pouvoir. La raison en est claire : une personne dotée de pouvoir est responsable de sa vie et, pour certains, c'est intolérable. Ils préfèrent rester la victime ; Ainsi ils peuvent au moins se plaindre et blâmer les autres pour leurs propres infortunes.

Si vous appartenez à cette catégorie de personnes, ce livre n'est pas encore pour vous. Vous vous y intéresserez peut-être dans une dizaine d'années.

Dans les pages suivantes, nous allons parler de différentes astuces dont les gens se servent pour se rendre impuissants.

2.1 La peur

Beaucoup de gens vivent sous l'influence de la peur. Pensons à la peur de la maladie, des accidents, de la récession, du licenciement, mais aussi à la peur du patron ou des collègues. N'oublions pas la peur de la responsabilité, de l'opinion des autres ; la peur du cambriolage, de l'agression, de la guerre... Arrêtons là l'énumération.

Pour circonscrire ces peurs, nous avons inventé deux choses : les assurances et l'État social. Tous deux constituent au moins un filet de protection matériel. L'importance de ces deux institutions démontre bien l'ampleur de nos peurs. D'énormes sommes d'argent y sont administrées. Dans un monde matériel, il paraît normal de s'acheter une certaine sécurité avec de l'argent.

Le problème de fond, c'est qu'intérieurement nous vivons dans l'incertitude. L'incertitude mène à la peur, et la peur mène non seulement aux assurances, mais aussi aux conflits, aux attitudes défensives et à l'agression. Plus on a d'incertitudes, plus on a peur, plus on doit se défendre et plus on agresse. Bien sûr, une personne qui vit dans l'incertitude est impuissante. Une personne réellement puissante ne sera pas le jouet de l'incertitude. En conséquence, elle ne connaîtra pas la peur.

La peur découle donc de l'incertitude humaine. L'incertitude est un manque de confiance en nous-mêmes et/ou dans le monde. Ce qui nous amène, doucement, à une considération très intéressante : la plupart des êtres humains appartiennent à une religion et croient en un Dieu. Généralement, il s'agit d'un Dieu très puissant. Mais si les gens qui croient en Dieu ont peur et contractent des assurances, cela signifie simplement que :

La confiance en Dieu, c'est bien, mais les assurances, c'est plus sûr (!).

Ce qui nous manque, c'est une confiance fondamentale en Dieu, ou en la vie, peu importe le nom que l'on peut donner à cette force. Si cette force était reconnue, la peur ne pourrait pas exister. Même si la plupart des gens appartiennent à une communauté religieuse, nous vivons dans une société impie et mécréante. Il ne s'agit pas d'un jugement de valeur, mais d'une simple constatation. Il ne s'agit pas non plus d'un procès contre les assurances ; il est tout à fait normal que vous contractiez une assurance si vous manquez de confiance en la vie. Nous reparlerons de la confiance plus tard, lorsque nous aborderons le Principe LOL^2A.

Pour l'instant, intéressons-nous aux conséquences de la peur. La peur nous pousse à nous accrocher à des dogmes, à des jugements, à des systèmes de croyance ; nous nous accrochons à des places de travail, à certaines personnes. Nous pensons que cela nous fournira sécurité, identité et orientation. Mais cela produit surtout des effets dramatiques : en nous accrochant nous faisons obstacle à la vie et à notre propre développement. Ce que nous bloquons ne peut plus circuler. Ce qui ne peut plus circuler meurt. Ce n'est pas de la théorie, cela se vérifie dans la pratique quotidienne. Un de mes clients m'a parlé d'un de ses collaborateurs emporté en moins de six mois par un cancer. Avec des efforts désespérés, cet homme a fini sa vie agrippé à tout ce qu'il connaissait.

L'autre jour, j'ai entendu parler d'une théorie étonnante. Une femme m'a affirmé que la peur était nécessaire, qu'elle nous protégeait du danger. Pouvez-vous imaginer une telle superstition ? La peur protège du danger ! Si je veux conduire sans accident d'un point A à un point B, je dois avoir peur, afin qu'il ne m'arrive rien. C'est évidemment l'inverse qui est vrai : la peur attire ce dont vous avez peur. Sans aucun doute, la confiance vous protège mieux d'un danger que la peur. Voilà ce qu'un extraterrestre ne comprendra jamais. Où est passée la logique ? À quoi la peur pourrait-elle être bonne ? La peur est le contraire de l'amour, elle ne sert à rien. (Nous reviendrons plus tard sur ce thème.) Parfois, l'esprit humain produit de curieux rejetons.

Je n'écris là rien de nouveau. Chacun peut lire dans la Bible que la peur attire ce dont on a peur et que l'inquiétude est sans fondement. Le christianisme n'est pas seul à le dire ; l'islam l'affirme également. Au sujet de la peur, Mohammad Iqbal, chef spirituel de plusieurs millions d'hommes, souligne : « Le désespoir est un poison pour la vie. [...] L'impuissance est le fruit du désespoir. [...] Ô, toi, prisonnier de tes inquiétudes, apprends le message du Prophète : ne t'inquiète pas. » Dans le contexte du Principe LOL^2A, le message suivant est encore plus cohérent : « La peur dérobe au pied la force d'avancer, et à l'intellect la capacité de penser. »

L'application du Principe LOL^2A s'observe aussi très bien dans le sport. La peur entraîne la crispation, elle empêche toute performance réelle. En curling par exemple, lorsque vous vous apprêtez à lancer la pierre et que vous êtes craintif, on appelle cette pierre « pierre de la peur ». Cette pierre ne finit jamais sa course à l'endroit où les joueurs l'attendent. Aussi petite soit-elle, la peur trouble le flux harmonieux de la vie. C'est valable pour le sport, le travail, la vie privée ou la politique.

En résumé, deux points : la peur découle d'un manque fondamental de confiance en la vie. Elle provoque des réactions de défense (lutte) et n'entrave pas seulement la vie dans son ensemble, mais aussi l'énergie et la capacité de penser.

Dans tous les cas, la peur ne peut pas vous aider à résoudre vos problèmes de manière optimale, ni vous permettre d'atteindre rapidement vos objectifs.

2.2 Le péché

Le péché joue un rôle important dans l'impuissance de l'homme.

Le péché est extrêmement pratique pour dominer les gens et les rendre dépendants. Ce mécanisme sous-jacent, très simple, a fait ses preuves depuis des millénaires :

On dit aux gens : « Vous êtes tous des pécheurs », et les gens commencent à avoir mauvaise conscience. Puisqu'ils ont mauvaise conscience, on peut les manipuler. Ceci fonctionne aussi bien avec les adultes qu'avec les enfants. Dès que quelqu'un a mauvaise conscience, vous pouvez en obtenir des choses que vous n'auriez jamais obtenues autrement. Alors intervient une ruse diabolique. N'étant pas un monstre sans cœur, vous ne pouvez pas laisser cette personne dans le péché. Vous lui montrez donc la voie du salut, la voie de la rédemption. Il ne lui reste plus qu'à faire ceci – ou à payer – et en deux temps, trois mouvements, ses péchés sont lavés. C'est souvent si facile et si rapide. Le point important, c'est que malgré tout, cette personne ne doit pas se sentir entièrement lavée. Si elle prenait trop confiance, vous ne pourriez plus la contrôler. Il faut donc entretenir en elle le sentiment que le péché est une menace constante. Ainsi, la manipulation devient plus aisée.

Dans la pratique, cela se passe ainsi : un appelé – on peut se demander qui l'a appelé – s'adresse à la foule réunie en prononçant d'une voix solennelle les paroles suivantes : « Vous êtes tous des pécheurs. Venez à moi [pendant qu'il est encore temps] et je vous montrerai la voie du salut. »

Ce principe fonctionne incroyablement bien. Ce qui est inexplicable, c'est la raison pour laquelle les gens tombent aussi facilement dans le panneau. Pourquoi tant de personnes abandonnent-elles leur pouvoir à d'autres ? D'où ces autres prennent-ils le droit de juger ce qui est péché et ce qui ne l'est pas ? D'où ont-ils le droit de juger d'autres êtres humains ?

Le péché n'est pas une loi naturelle. C'est une invention de l'homme dans le seul but de dominer son prochain. Aussi longtemps qu'une personne se laissera traiter de cette façon, elle restera impuissante.

Cependant, notre propos n'est pas de juger ici les prédicateurs. Celui qui accepte de jouer le jeu du pécheur en porte l'entière responsabilité. Personne ne l'y a obligé.

Ce qui est incompréhensible, c'est que tant de gens abandonnent si facilement leur pouvoir à d'autres. Ce qui est également incompréhensible, c'est que cela se produise aussi dans le christianisme. L'autre jour, j'ai lu la phrase suivante dans un journal paroissial : « Nous avons besoin des deux : du Messie qui vient comme juge des nations, et des gens prêts à se soumettre à une nouvelle éthique. »

Pouvez-vous imaginer ça ? Un Messie qui juge les nations ! Nous pouvons le comprendre si nous sommes tous des pécheurs. J'ose toutefois soulever une question : qu'est-ce que ça nous apporte ? Qu'est-ce que ça apporte que les nations soient jugées ? Quelles nations seront le mieux ou le moins bien jugées ? Une fois jugée, une nation sera-t-elle meilleure ? Décidément, tout cela n'a aucun sens. Jésus en était bien conscient, lorsqu'il y a deux mille ans il exprima clairement :

« Ne jugez pas afin de ne pas être jugés. »

Quant à nous, que faisons-nous ? Nous jugeons les autres, infatigablement. Si nous étiquetons quelqu'un d'autre comme pécheur, nous jugeons. Nous faisons exactement ce que le fondateur du christianisme nous enjoignait d'éviter, et nous nous prétendons chrétiens.

On conçoit difficilement pourquoi beaucoup de gens se rendent impuissants en affirmant qu'ils sont des pécheurs. Nous voyons le résultat autour de nous : accusations réciproques, agressions, guerres, et avant tout l'incapacité de résoudre nos problèmes.

La petite histoire orientale qui suit montre comment transformer un être puissant en une loque misérable et dégénérée.

Au temps jadis, des moutons paissaient paisiblement dans un pâturage. Soudain, des lions surgirent de la forêt et se précipitèrent sur le troupeau. Cette prairie se retrouva empourprée du sang des moutons. Les lions s'installèrent, privant les moutons de liberté. Les moutons souffrirent énormément, étant à la merci des lions. Ils se réunirent pour parler de la situation. L'un d'entre eux, intelligent, sagace et astucieux, fit ces réflexions : « Par la force nous ne pouvons pas échapper aux lions. Nous ne pouvons pas non plus nous transformer en lions. Mais par contre, faire du lion furieux un mouton, cela c'est possible ! Le rendre inconscient de sa nature, cela, c'est possible ! » Les moutons acceptèrent de relever le défi. Le mouton inspiré se mit à prêcher aux lions assoiffés de sang. Il s'écria : « Ô, vous, menteurs insolents, qui n'avez pas conscience de la damnation éternelle ! Je possède le pouvoir spirituel. Je suis un messager de Dieu envoyé aux lions. Je viens comme une lumière pour l'œil obscurci. Je viens instaurer des lois et donner des ordres. Repentez-vous de vos actions blâmables ! Ô, vous qui complotez le mal, pensez à votre bien ! Celui qui est violent et brutal est un tyran. Les êtres justes se nourrissent d'herbe. Le végétarien plaît à Dieu. Vos dents pointues sont une honte pour vous. Le paradis n'est que pour les faibles. Il est mal d'aspirer au bien-être matériel. Les pauvres plaisent davantage à Dieu que les riches. Au lieu de tuer des moutons, tuez votre moi et vous serez récompensés. Si vous n'oubliez pas votre moi, vous devez être fous. Fermez vos yeux, bouchez vos oreilles, fermez vos lèvres, afin que vos pensées puissent atteindre le plus haut du ciel ! Ce pâturage n'est rien. Ne vous bercez pas d'illusions. Ainsi parla le mouton rusé. Et ce qui devait arriver arriva. Les lions, épuisés par leurs durs efforts, commencèrent lentement à adopter la religion des moutons. Ils s'accoutumèrent à manger de l'herbe. Leurs dents s'émoussèrent peu à peu et le phosphore terrifiant de leurs yeux disparut. Petit à petit, le courage abandonna leurs cœurs. Ils perdirent le pouvoir de gouverner, ils perdirent leur réputation, leur prestige et leur fortune. Leur force corporelle diminua tandis que leur crainte spirituelle augmenta. La peur de la mort et du jugement divin les priva de courage. La peur produisit beaucoup de maladies jusqu'ici inconnues : la pauvreté, la pusillanimité, l'étroitesse d'esprit.

Les moutons avaient réussi à endormir les lions. Les lions appelèrent leur déclin « la culture morale ».

La morale de cette histoire ? Si vous parvenez à persuader quelqu'un de la culpabilité de sa conduite et que vous réussissiez à lui inspirer la peur, vous en faites un être faible que vous pouvez facilement dominer.

Si vous voulez fonder une secte, vous disposez à présent de tous les éléments d'une recette millénaire.

Ou formulé de manière positive : ne vous laissez jamais persuader par quiconque que vous êtes un pécheur. Il est beaucoup plus important que vous vous demandiez pourquoi la personne en question tient tant à faire de vous un pécheur. Demandez-vous également quelle place le péché pourrait bien avoir dans la vision chrétienne, basée sur l'amour. Il n'a aucune place, car l'amour inconditionnel et le péché s'excluent mutuellement.

2.3 Le refus de la responsabilité

Le refus de la responsabilité est un jeu de société très apprécié. Je souhaite démontrer qu'il s'agit là, à nouveau, d'un refus d'assumer son pouvoir.

« C'est la faute de Muller. » « C'est la faute du gouvernement. » « C'est à cause de la récession. » « Mon patron est coupable. » Chacun de nous connaît bien ces phrases. Je tiens tout d'abord à attirer votre attention sur le mot « coupable », qui contient l'idée de péché. Cette notion de péché est profondément enracinée dans notre langage. Si quelqu'un est « coupable », cela veut automatiquement dire qu'il a péché. Dès cet instant, nous l'avons jugé. Deuxièmement, et c'est le thème de ce chapitre, cela signifie que, bien évidemment, l'autre (Muller, le gouvernement...) possède un pouvoir que je n'ai pas. Si je ne peux rien faire, je n'ai pas de pouvoir et je suis dépendant des autres. Cela signifie aussi que je suis victime. L'autre est l'auteur du délit. Dans les médias, on entend quotidiennement parler de victimes. Le jeu de la victime est très apprécié, parce qu'il est bien pratique. Celui qui peut se qualifier de victime rallie généralement la majorité de son côté, car il obtient de la sympathie, de l'attention et peut-être même de l'admiration, s'il parvient à supporter son sort avec courage.

Mais dans tout cela, une chose a été complètement laissée de côté : être une victime, c'est être impuissant. Est-ce digne d'un homme ? L'être humain est-il fait pour être la victime impuissante de forces incontrôlables ? Si c'était vraiment le cas, alors, à mon avis l'être humain vivrait une existence indigne et inacceptable.

Il est effrayant de voir avec quelle opiniâtreté certaines personnes s'accrochent à leur impuissance. Cela va parfois jusqu'à l'agression. Certaines personnes **veulent** être victimes d'autres personnes, **veulent** être victimes d'accidents, **veulent** être victimes d'une maladie. **Ce sont des superstitions qui proviennent du fond du Moyen Âge – et qui sont encore vivantes dans notre société de haute technologie !**

L'exemple suivant illustre à quel point notre pensée peut être déraisonnable et illogique. Un directeur des ventes travaille depuis sept ans dans une compagnie. Malgré la crise, il a réussi à conserver son emploi et reste persuadé qu'il conservera cette place. Les affaires marchant bien, il est convaincu que c'est grâce à ses compétences. Cela signifie qu'il assume la responsabilité de sa situation. Tout va bien. Soudain, il est licencié. Et là, tout bascule : il se met à rechercher des coupables. C'est la faute de son supérieur, de la récession, ou peut-être du client qui lui a fait faux bond.

Voilà notre processus habituel de penser : tant que tout va bien, nous en assumons volontiers la responsabilité. Si quelque chose de désagréable se produit, nous cherchons un responsable ailleurs. Si je conduis ma voiture de A à B sans accident, j'assume tout à fait ma qualité de bon conducteur. Mais si un accident se produit, c'est l'autre qui a manqué d'attention, ou c'est la faute des conditions météo, ou... Nous nous déchargeons de notre responsabilité selon nos caprices, de-ci, de-là. Mais nous ne sommes prêts à l'assumer pleinement que si tout va bien.

Une variante très appréciée de ce jeu consiste à rejeter la responsabilité sur les parents. C'est très pratique. Vous pouvez tuer, violer, puis vous plaindre que vous avez eu une enfance difficile. Accusés, vos parents avoueront qu'eux aussi ont eu une enfance misérable et que ces conditions ont influencé l'éducation de leurs enfants. Et ainsi de suite. Mais continuer ainsi ne mène nulle part.

Nous sommes des champions pour inventer des excuses et trouver des coupables. Les bibliothèques sont remplies de livres à ce sujet. Tant que nous persistons dans cette attitude, nous nous maintenons dans un état d'impuissance et n'avons aucune chance de résoudre nos problèmes.

Nous sommes toujours et uniquement les victimes de nos systèmes de pensée. Notre pouvoir est si grand que, si nous le voulons, nous pouvons nous transformer en victimes impuissantes. Et pour une raison inexplicable, c'est le choix d'un très grand nombre.

2.4 L'ingérence

Un grand nombre de gens ont l'irrésistible manie de s'ingérer partout, de dire aux autres ce qu'ils ont mal fait et comment ils devraient mieux faire. Et ce, toujours au nom de la vertu. N'étant pas dénués de sensibilité, nous voulons aider, parce qu'en définitive nous savons mieux que les autres. Que signifie mieux ? Qui décide ce qui est mieux, si ce n'est les bons eux-mêmes ? Qui sont les êtres bons ? Qui décide qui sont les bons ? Les bons eux-mêmes évidemment. Alors, quand les méchants se considèrent aussi comme des êtres bons – une pratique courante en politique –, que se passe-t-il ?

Nous nous trouvons ici pleinement dans le conflit. L'ingérence est toujours reliée au jugement. Le jugement crée toujours du conflit. Les gens « victimes » de conflits intérieurs essaient toujours de résoudre les conflits des autres. Ça ne fonctionne tout simplement pas. Ça n'a pas fonctionné durant toute l'histoire de l'humanité, ça ne fonctionne pas aujourd'hui et ça ne fonctionnera pas non plus dans mille ans.

De même, les interventions de l'ONU ne sont pas en mesure de résoudre les conflits. Dès qu'un conflit semble être résolu, deux nouveaux apparaissent.

Jusqu'à ce jour, l'ONU n'a jamais eu à intervenir simultanément sur autant de lieux. C'est une thérapie de surface. Ça semble beau. On peut se féliciter et s'endormir satisfaits. Mais ça ne résout rien et les conflits se multiplient.

Considérons ensuite la religion. En qualité de chrétiens, nous pouvons nous réjouir du peu d'importance que l'islam ou le bouddhisme attribuent à l'évangélisation – c'est-à-dire à l'ingérence. L'intégrisme islamique qui se manisfeste actuellement nous donne une bonne idée de ce qui pourrait se produire dans le cas contraire. En Occident, la crainte d'un tel développement est considérable.

Mais nous n'avons pas besoin d'aller si loin. Combien de fois nous mêlons-nous de la vie des personnes qui nous sont proches ? Mme Muller ignore comment élever ses enfants ! M. Meyer n'a pas tondu son gazon depuis trois semaines ! Et si M. Durand continue ainsi, il va se faire mettre à la porte. Mme Fischer va avoir des problèmes, avec la vie qu'elle mène.

Nous savons comment ça marche. Les autres l'ignorent – ou en tout cas, ils ne savent pas ce qui est juste.

Le plus stupide dans toute cette histoire, c'est que les autres pensent la même chose que nous. C'est ce qu'on appelle « une ingérence réciproque ».

C'est pour ça que les conflits se perpétuent et que nous tournons en rond – comme nous l'enseigne l'histoire de l'humanité.

Encore une pensée que nous n'allons pas développer pour l'instant : il y a toujours des gens à qui les conflits profitent et qui selon toute logique n'ont aucun intérêt à les résoudre.

2.5 La quête dans le monde extérieur

Quand on cherche, il arrive facilement que nos yeux ne voient que l'objet de nos recherches ; on ne trouve rien parce qu'ils sont inaccessibles à autre chose, parce qu'on ne songe toujours qu'à cet objet, parce qu'on s'est fixé un but à atteindre et qu'on est entièrement possédé par ce but. Qui dit chercher, dit avoir un but. Mais trouver, c'est être libre, c'est être ouvert à tout, c'est n'avoir aucun but déterminé. Toi, Vénérable, tu es peut-être en effet un chercheur ; mais le but que tu as devant les yeux et que tu essaies d'atteindre t'empêche justement de voir ce qui est tout proche de toi.

Hermann Hesse, *Siddhartha*

Nous avons pris l'habitude de chercher l'aide, les réponses et les solutions à nos problèmes en dehors de nous-mêmes. Cela montre une fois de plus que nous ne croyons pas en notre propre pouvoir, en notre propre sagesse. Une fois de plus, nous confions notre pouvoir à d'autres.

Si nous cherchons des réponses à l'extérieur, c'est que nous pensons qu'il n'en existe pas à l'intérieur. Il semblerait donc que beaucoup de gens n'attribuent que peu de force à leur pouvoir intérieur !

Où cherchons-nous concrètement ces réponses dans le monde extérieur ?

Nous courons chez des experts, des médecins, des psychologues, des juristes, des astrologues, des graphologues, des médiums, etc. Les autres doivent penser pour nous, doivent résoudre nos problèmes. Voilà une attitude dangereuse ; ce faisant, nous déléguons notre aptitude à penser. Les autres savent tout, nous rien.

Ceux qui partent chercher des gourous en Inde, au Tibet ou au Japon nous en donnent un excellent exemple. Nous pensons que les autres ont des aptitudes que nous n'avons pas. C'est précisément ainsi que nous entravons notre propre développement. Il s'agit toujours de mouvements qui éloignent la personne d'elle-même.

Bien entendu il n'y a rien de mal à ce qu'une personne s'adresse à des autorités autres qu'elle-même. Mais cette personne devrait être consciente qu'elle abandonne son pouvoir à une autorité extérieure. Que ses problèmes se résolvent de cette façon, c'est une autre histoire !

Quelques exemples peuvent illustrer ces propos :

Ne sachant plus quoi faire de sa vie, une jeune femme se rend chez un astrologue. Ce dernier lui apprend que les choses vont s'améliorer à partir du 15 septembre. En faisant cette visite, elle s'est rendue complètement impuissante. Elle ne peut rien faire avant le 15 septembre, car les circonstances ne sont pas favorables. Elle n'a rien à faire après le 15 septembre, car de toute façon, les choses iront mieux. Elle s'est ainsi entièrement livrée au pouvoir des étoiles. Est-ce une vie digne d'un être humain ? Ce n'est pas un être humain, c'est une marionnette impuissante.

Un homme d'une quarantaine d'années devait subir une transplantation du cœur. L'intervention fut suivie de complications, et pendant trois ans, il alla d'un médecin à l'autre. Il ne pouvait plus travailler, mais par contre il devint un vrai spécialiste du corps médical, essayant toutes sortes de thérapies, sans que son état s'améliore pour autant.

Un jour, alors qu'il se rendait pour la mille et unième fois chez un spécialiste du cœur, celui-ci, sincère, lui dit : « La médecine ne peut plus rien faire pour vous. Vous devez vous-même vous prendre en main, mobiliser vos réserves. » Pensez-vous que cet homme aurait suivi ce conseil ? Pas du tout. Il avait abandonné tout son pouvoir aux mains des médecins, aux thérapies, aux méthodes, il résistait de toutes ses forces à l'idée qu'il pouvait faire quelque chose lui-même, qu'il était maître de sa vie. Il préférait de toute évidence mourir en victime. La dernière fois que je l'ai vu, il me confia qu'il allait probablement mourir si les choses continuaient ainsi. Je l'ai félicité d'être parvenu à cette lucidité et lui ai répondu qu'il avait effectivement le droit de vouloir mourir. Mais je lui ai aussi fait remarquer qu'il n'était pas obligé de mourir, si enfin il se souvenait de son propre pouvoir. Mais il refusa cette proposition avec véhémence. Il aurait alors dû se prendre en main, au lieu d'en laisser le soin aux médecins. Il serait alors devenu responsable de son état et n'aurait plus pu se plaindre de son injuste destin. Certaines personnes, manifestement, préfèrent mourir plutôt que d'assumer la responsabilité de leur vie, plutôt que de chercher en elles-mêmes. J'ai perdu cet homme de vue, et j'ignore s'il est encore de ce monde.

Résoudre nos problèmes n'est jamais l'affaire des autres. La politique d'aide au développement en Afrique en est un exemple éloquent. Rien ne gêne plus le développement de ce continent que l'aide qui lui parvient de l'extérieur. Certains Africains en conviennent eux-mêmes, cette aide au développement a causé plus de dégâts qu'elle n'a engendré de bienfaits. Si nous attendons que quelqu'un de l'extérieur vienne nous aider, nous nous rendons impuissants. Cela signifie qu'une fois de plus nous utilisons notre propre pouvoir pour mieux l'abandonner.

Évidemment, cette idée de l'aide à l'extérieur est profondément ancrée en nous. J'ai été stupéfait en lisant la phrase suivante dans un journal : « Le monde attend encore aujourd'hui le Messie, le seul qui puisse établir la paix à jamais sur la Terre. » Et voilà, le monde attend un nouveau cœur, une nouvelle pensée qui ne pourra naître qu'à travers l'esprit de Dieu.

Qu'est-ce que c'est pratique ! Nous n'avons plus qu'à attendre. Mais encore combien de temps ? Entre temps, nous nous combattons et nous expliquons que « la nouvelle pensée » ne peut pas voir le jour tant que l'Esprit de Dieu ne nous habite pas. Qu'est-ce que c'est pratique !

Mais personne assurément ne peut prétendre que nous avons la moindre chance de progresser ainsi. Ce genre de philosophie nous fait reconnaître deux types d'abdication de pouvoir. Premièrement, nous rejetons notre responsabilité pour un monde de paix sur autrui, deuxièmement, nous attendons l'aide de l'extérieur. Eh bien, attendons...

Une question me préoccupe pourtant. Si la paix et la nouvelle pensée ne peuvent venir que de l'Esprit de Dieu, mais alors, qu'est-ce qu'Il attend ? N'avons-nous pas vécu assez de guerres ? N'y a-t-il pas eu assez de victimes ? Je trouve qu'Il met beaucoup de temps pour intervenir en faveur de l'humanité. Ou bien, serions-nous ici en présence d'un problème très connu en informatique ? Nous attendons Dieu et Dieu nous attend. Cela crée un blocage complet de la situation. Ce problème ne pourra se résoudre que lorsque l'un cessera d'attendre l'autre.

Si j'ai une recommandation à faire au cours de ce livre, c'est que l'homme cesse d'attendre de l'aide de l'extérieur.

Permettez-moi de citer à nouveau le philosophe islamique Mohammad Iqbal, afin de démontrer comment sa religion aborde ce sujet : « Dieu aime l'homme qui gagne sa vie. Malheur à celui qui se nourrit aux dépens d'un autre... Il a vendu son honneur pour un denier. Heureux l'homme qui mourant de soif ne réclame pas une coupe d'eau. Son front n'est pas humide de la honte de la mendicité ; il est encore un homme, non un morceau d'argile. Ce noble jeune homme marche sous le ciel la tête haute comme un arbre. Ses mains fussent-elles vides, il n'en est que plus maître de lui-même. Un océan tout entier obtenu par la mendicité n'est qu'une mer de feu. »

Ainsi parle Mohammad Iqbal. Le passage ci-dessus pourrait-il être une des raisons de notre peur de l'islam ? Comparez donc ce texte avec les soi-disant acquis sociaux si chers à notre monde occidental et industrialisé, avec le confortable filet social établi pour des gens apparemment sans pouvoir. La différence est surprenante.

Dans l'islam, on parle du pouvoir et de la perfection de l'être humain. Ce livre traite du même sujet. Dans nos sociétés industrialisées de surabondance, nous exhibons un esclavage total, car nous dépendons de beaucoup trop de choses extérieures à nous-mêmes. Cela ne peut jamais être le chemin pour résoudre nos problèmes, ni pour une nation ni pour un individu.

2.6 La complexité de la vie

J'ai la conviction que la vérité est simple, qu'elle doit être simple. Et j'entends le démontrer ici, je refuse l'idée que la vérité soit réservée à une petite élite d'une intelligence au-dessus de la moyenne.

En fait, la réalité quotidienne apparaît bien différente. Tout semble si compliqué. À la grande satisfaction des experts. Ils peuvent ainsi se distinguer du courant des mortels, recevoir des salaires élevés et le respect dû à leurs compétences. Certaines personnes ne sont convaincues que lorsqu'elles ne comprennent plus rien. D'autres personnes ne sont pas convaincues de choses qu'elles comprennent pourtant. Cela peut paraître bizarre, mais c'est ainsi. Dans mes séminaires, j'entends dire parfois : « Ça ne peut pas être aussi simple. » On constate là, à nouveau, le refus d'accepter son propre pouvoir. Parce qu'il s'agit bien de cela : si la vérité est simple, nous pouvons l'utiliser. Ou serait-ce la peur que cette simplicité produise des bouleversements dans notre vie ? Si les choses étaient compliquées, nous aurions toujours des excuses. C'est difficile ; ça demande du temps ; même les autres en sont incapables. Mais si c'est vraiment simple, il n'existe plus d'autre excuse que : « Ça ne peut pas être aussi simple. »

Les dernières recherches sur le chaos démontrent que même les structures les plus complexes sont composées d'éléments extrêmement simples. Si nous regardons de près, les choses deviennent simples. Mais lorsque nous restons à la surface et que nous commençons à tout analyser, alors tout devient affreusement compliqué et difficile.

Prenons un exemple :

Mettre un pied devant l'autre semble très facile. Tout le monde pratiquement sait marcher. Si nous analysions pourtant tout le processus que représente la marche, nous pourrions en remplir des bibliothèques entières – et en fin de compte, nous n'y comprendrions plus rien. À partir de ces ouvrages, personne ne serait plus capable de marcher – alors que la marche est vraiment simple quand on en fait l'exercice. De même, nous pouvons rendre tout si compliqué que seuls quelques experts peuvent prétendre comprendre.

Dans l'exemple de la marche, cette complication ne porte peut-être pas à conséquence. Mais si nous abordons le thème de l'amour, alors là les conséquences sont considérables. Nous parlerons amplement de ce sujet plus loin ; mais pour l'instant, contentons-nous de noter que l'on peut développer des philosophies follement compliquées sur l'amour, au point que personne ne sait plus ce que c'est. À force d'en faire une philosophie, personne ne sait plus appliquer l'amour. Son exercice en est simple, mais son analyse et sa définition sont si compliquées que personne n'a plus le temps de le pratiquer. Lorsque j'explique aux participants de mes séminaires que l'amour peut résoudre tous les problèmes humains, certains d'entre eux se perdent dans des discussions sans fin sur le pourquoi et le comment. Tout redevient à nouveau tellement compliqué que cela confirme l'idée qu'on ne peut rien faire, manifestement, ce n'est pas si simple.

Déjà au début des années 70, Balthasar Staehelin, médecin et psychologue bien connu, écrivait dans son livre *Die Welt als Du* : « Partout aujourd'hui, en médecine comme en psychologie, nous manquons de vérité et de simplicité. » L'explosion du coût de la santé nous montre où nous a conduits cette absence de simplicité dans la médecine.

Notre système de santé publique est devenu si complexe que nous n'avons plus les moyens de le payer. (Vingt ans après les mises en garde de Staehelin.) Les autres pays ont les mêmes problèmes. Toujours à propos de l'explosion du coût de la santé, il y a quelque temps, un expert m'a stupéfait en déclarant sur une radio française que durant la grossesse trois ultrasons étaient suffisants. Je me suis sérieusement demandé comment les enfants avaient pu venir au monde quand les ultrasons n'existaient pas. Et comment les Africains, les Indiens et les Sud-Américains font-ils pour atteindre une telle explosion démographique sans ultrasons ? Certains appellent « progrès » notre haute technologie ; pour ma part, j'estime que cela représente plutôt un signe de décadence spirituelle.

Comme Balthasar Staehelin, je pense que la vérité est simple, et même très simple.

Au lieu de discuter sans fin sur certaines choses, il est préférable d'agir.

La vérité est simple ; celui qui complique les choses simples est un « pauvre malheureux », car il entrave son propre développement.

2.7 La rationalité/l'analyse

En science comme en management, la rationalité (l'intellect) et l'analyse occupaient – et occupent encore – une place centrale. Entre-temps, on a découvert que cela n'était pas forcément le meilleur moyen pour accéder à une connaissance plus vaste, ni pour résoudre les problèmes d'une façon optimale. Vu le nombre de recherches faites sur ce sujet, je serai assez bref.

Nous devrions réaliser qu'en nous reposant sur nos seules capacités rationalistes et analytiques nous limitons considérablement nos possibilités. Le rationaliste ne dispose pas d'informations sur l'avenir ; en fait, il ne peut compter que sur un nombre limité d'informations pour prendre ses décisions. De ce point de vue, on peut s'étonner que, dans le passé, la rationalité ait bénéficié d'une telle considération. Quand on ne compte que sur la rationalité, les chances de commettre des erreurs de diagnostic sont énormes ; par contre les chances de véritable succès sont très faibles. Aucun des produits qui remportent un succès mondial n'est le fruit d'une analyse rationnelle des besoins des gens.

Voici l'un des exemples les plus frappants : dans les années 50, Ford a effectué l'une des études de marché les plus importantes jamais entreprises. L'objectif de cette étude était de rechercher le design optimal pour une nouvelle voiture nommée Edsel. Cet effort giganstesque se révéla être le plus beau flop de toute l'histoire de l'automobile et coûta plusieurs centaines de milliers de dollars à la compagnie.

La voiture était tellement rationnelle, tellement ordinaire, tellement médiocre, que personne ne voulut l'acheter.

Par contre, en 1960, malgré toutes les objections et mises en garde rationnelles de ses avocats, Ray Kroc acheta le nom de McDonald's. Il avait écouté son intuition, il sentait que cela serait un succès. Le reste fait partie de l'histoire. Tout le monde connaît le succès de McDonald's. Une chose pareille, on ne peut pas la planifier.

En effet, les plus grandes réussites sont rarement fondées sur la base de considérations rationnelles.

Le rationaliste puise sa connaissance dans le monde extérieur. Ce genre de recherche est passablement limité. La connaissance véritable vient de l'intérieur. Plus quelqu'un accorde de l'importance à son intellect, moins il fait confiance à sa connaissance intérieure, donc à lui-même. Nous avons déjà parlé de la quête dans le monde extérieur au chapitre 2.5. Le rationaliste poursuit précisément cette quête dans le monde extérieur. Celui qui ne compte que sur la rationalité finit toujours par ne plus être sûr de lui-même. La science nous montre bien que les connaissances acquises avec rationalité peuvent être vite dépassées. Mais par exemple, les enseignements de sagesse de Jésus, de Bouddha et de Lao-tseu ne sont eux jamais dépassés. Ces connaissances ne sont pas le fruit de la rationalité.

La science elle-même nous offre les plus grandes absurdités. Dans son livre *Le Macroscope*, le biologiste français Joël de Rosnay relève que l'approche scientifique traditionnelle n'est pas en mesure de saisir la réalité, mais qu'au contraire elle la déforme nécessairement. Cette approche scientifique appartient à la pensée rationnelle et analytique. De Rosnay note que, pour la science, la pensée analytique est plus importante que la pensée analogique. En conséquence, la science mène à l'étroitesse et à la rigidité de la pensée.

Pour nous, cela signifie que la rationalité et l'analyse limitent le potentiel humain, limitent votre potentiel. Vous constaterez, au cours de ce livre, que j'accorde une place prioritaire à la pensée comparative, à la pensée analogique.

La défaillance du travail scientifique basé sur la rationalité dans le domaine de la médecine est d'une évidence particulière. À peine une seule découverte médicale novatrice faite lors des cent cinquante années écoulées qui n'ait pas été qualifiée de « peu scientifique » par certains professeurs titulaires.

Par exemple, l'inventeur de la properdine, laquelle joue un rôle important dans notre système immunitaire, s'est suicidé en 1954 après avoir été harcelé par ses collègues pendant des années. Quelques mois après sa mort, le monde de la science reconnut finalement la valeur de ses découvertes.

Parmi tous les cas de jugements sans appel de ceux qui pensent différemment, la médecine représente peut-être l'un des exemples les plus tristes. Et tout cela au nom de la rationalité. Tout cela au nom de l'humanité ! Mais dans le fond, cela n'a rien à voir avec l'humanité ni même avec la connaissance ; c'est tout simplement une histoire de pouvoir.

Le bon sens humain devrait au moins nous permettre de comprendre la chose suivante : les experts d'aujourd'hui (médecins, psychologues, biologistes) se moquent de ceux de l'an 1500. De même, les experts de l'an 2500 se moqueront de ceux d'aujourd'hui. Alors gardons-nous de juger hâtivement ceux qui sont en désaccord avec le savoir officiel. En son temps, Galilée fut condamné par la science de son époque, mais aujourd'hui, chaque enfant sait que la Terre tourne autour du Soleil.

Ces exemples suffisent à montrer que l'étroitesse d'esprit basée sur la rationalité entrave le développement humain. Le rationaliste cherche dans le monde extérieur. La vraie connaissance vient de l'intérieur.

2.8 L'incapacité de penser indépendamment et logiquement

En général, nous nous considérons comme des êtres à la pensée rationnelle et logique. Nous tirons une grande fierté de notre aptitude à penser. Dans ce paragraphe, je tiens à vous montrer que nous n'avons aucune raison d'être si fiers, car très souvent, nous pensons et agissons d'une manière complètement illogique. Nous nous en sommes déjà rendu compte dans les exemples précédents, en constatant que la science n'accepte que ce qui rentre dans le cadre de la pensée officielle.

Tout cela a peu de rapport avec une pensée logique et indépendante ; toute personne qui étudie l'histoire peut constater qu'en quelques années la science peut changer considérablement.

On constate, toujours en étudiant l'histoire, que nous nous sommes programmés pour le conflit. Nos livres d'histoire regorgent de récits de conflits. Que nous ont-ils amené ? Où sont passés le glorieux Empire romain, la fière Espagne et la puissante Angleterre ? Si nous pensions vraiment logiquement et indépendamment, nous aurions cherché depuis longtemps d'autres façons de vivre ensemble – et nous les aurions trouvées. Il faut ajouter que depuis des milliers d'années, ces « autres » façons nous ont été proposées. Pourtant, nous ne sommes manifestement pas intéressés à comprendre et à utiliser ces autres manières de vivre. Au XIXe siècle, la lutte pour la survie était prioritaire. On a, encore aujourd'hui, le sentiment que beaucoup de gens – notamment des managers – vivent dans l'état d'esprit du XIXe siècle. Mais depuis, nous avons appris que le concept d'évolution par la lutte, la destruction et l'exploitation correspondait exactement à la conscience des gens de l'époque. Nous avons aussi découvert que ce que la science d'alors décrivait comme exploitation est aujourd'hui compris comme une coopération symbiotique. Nous savons que dans la nature les parasites ne sont pas la norme ; bien au contraire : l'évolution a besoin de supports symbiotiques. La plupart des organismes (à part les humains) ont manifestement compris que l'ensemble du monde vivant est interconnecté et que la mort d'un « ennemi » ou d'un spécimen constitue toujours un danger pour les autres spécimens et pour la vie en général. L'un des parasites les plus puissants est probablement le cancer. Il est si puissant qu'il finit par tuer son hôte (l'homme), celui qui le nourrit – et ainsi, il se supprime lui-même. Nous savons aujourd'hui que la relation prédateur/proie est une exception dans la nature. C'est probablement pour cela que ces exceptions ont tellement captivé notre attention. Mais nous avons oublié qu'il existe des milliards de relations coopératives et symbiotiques – et seulement très peu de meurtrières. Sinon, la vie ne serait pas possible.

Encore aujourd'hui, certains managers et hommes politiques n'ont toujours pas compris ça. Ils auraient probablement besoin d'un entraînement à la pensée analogique. Seulement là, ils seraient capables de transposer l'exemple du cancer à la sphère économique. Cela ne fait aucun doute, notre fixation sans cesse répétée sur une pensée linéaire entrave notre compréhension.

À cet égard, il est important de souligner qu'il n'existe pas une seule logique, la logique aristotélicienne que nous connaissons si bien, mais qu'il existe plusieurs logiques différentes. Dans notre mode de pensée limité, nous sommes tellement attachés à la logique « l'un ou l'autre » d'Aristote que nous ne pouvons pas imaginer d'autres façons de penser. Dans notre langage, il n'existe même pas le pluriel du mot « logique ». Mais il existe d'autres logiques, connues depuis des milliers d'années dans l'hindouisme et le bouddhisme, qui se voient de nos jours confirmées par les plus récents travaux de physique théorique. Il n'existe pas seulement « l'un ou l'autre », « le bien ou le mal », mais il existe aussi « le bien **aussi bien que** le mal ». Le physicien Heisenberg le soulignait avec véhémence : « Il faut dépasser la logique monodimensionnelle et linéaire qui déchire le monde avec le tranchant du l'un **ou** l'autre, puis essaie de bâtir un concept du cosmos à partir de cadavres démembrés. »

Mais nous sommes tellement enracinés dans notre pensée « l'un ou l'autre » que l'abandon de cette logique semble très difficile ; probablement parce que cet abandon impliquerait un mode de pensée indépendante. (Reportez-vous au chapitre : « L'expulsion du Paradis »). Dans ce livre, nous reviendrons constamment à la logique « aussi bien que », au risque de créer des difficultés à certains lecteurs.

Chacun peut trouver dans sa propre vie des exemples d'attitudes qui ont mené aux conflits et d'attitudes qui ont mené à des solutions. N'ayant pas appris à penser indépendamment, nous héritons des modèles de nos parents et de l'environnement. Cela signifie que même si l'on vit dans un environnement de haute technologie, nos modèles de pensée fondamentaux n'ont pas changé depuis des milliers d'années, une situation absurde. Notre capacité d'augmenter la production et notre pouvoir de changer le monde ont pris le pas sur notre évolution spirituelle. Nous nous sommes si fortement concentrés sur la production de biens de consommation qu'il ne nous est plus resté de temps pour le développement de l'humain. Il y a quelques années, un slogan était sur toutes les lèvres : la limite de la croissance. Nous avons accordé beaucoup d'attention à la limite de la croissance matérielle, parce qu'évidemment nous savions que cela ne pouvait pas continuer ainsi.

Ce qui nous intéresse ici, c'est la croissance intérieure de l'être humain. C'est sans doute le marché à la plus forte croissance, une croissance inimaginable !

D'une part, parce que l'être humain est totalement sous-développé, et d'autre part parce qu'il n'existe aucune limite de croissance au potentiel humain. Je sais que certains scientifiques vont immédiatement objecter que l'homme est un être très limité. Cela n'est vrai que dans la mesure où l'homme s'est rendu si limité. Mais si l'homme a le pouvoir de se limiter, logiquement il a aussi le pouvoir de s'affranchir de ces limitations.

Considérons encore quelques exemples de notre incapacité de penser de façon indépendante et logique.

Dans mes séminaires, certains managers – au demeurant intelligents – commencent à ricaner ou à se sentir gênés lorsque j'aborde le thème de l'amour. Pourtant, la plupart d'entre eux sont chrétiens, sont baptisés et se sont probablement mariés à l'église. Tous connaissent la déclaration fondamentale du christianisme : « Aime ton prochain comme toi-même. » Comment peut-on être membre d'une Église chrétienne et se railler du thème de l'amour, se battre jusqu'au sang avec ses concurrents et, pour couronner le tout, réclamer la bénédiction des bombardements effectués sur des humains « ennemis » ? Où est la logique ?

On peut faire tout cela, mais certainement pas en tant que membre d'une Église chrétienne. Par là, je tiens à souligner à quel point des gens dits intelligents peuvent manquer de raison. Nous naissons automatiquement dans un système, et nous ne nous intéressons jamais aux principes qui régissent ce système. Ceci n'est guère flatteur pour la grande intelligence humaine.

Examinons la situation suivante : nous créons une organisation. L'un des principes de cette organisation stipule que « nous ne condamnons pas les autres ». Ensuite, nous essayons de trouver des membres pour cette organisation. Il est probable que très peu de gens accepteront d'en faire partie. Seules quelques personnes se sentiraient capables d'appliquer ce principe. La plupart des gens prétendraient qu'ils vivent autrement et qu'ils ne peuvent donc pas devenir membres d'une telle organisation. C'est logique. Mais ces mêmes personnes sont membres de l'Église, d'une Église qui formule les mêmes principes. Où est la logique ?

Comprenez-moi bien : je ne plaide pas pour la désertion de l'Église, mais pour une pensée indépendante et logique. Ou nous sommes membres de l'Église, et il semblerait honnête et logique d'essayer au moins d'appliquer les principes en question, ou bien nous nous moquons de ces principes, et il serait logique de quitter l'Église. Tout le reste n'est que malhonnêteté et obscénité.

Et maintenant dites-moi une chose : comment une société peut-elle résoudre ses problèmes si, de toute évidence, elle est bâtie sur la malhonnêteté et l'absence de réflexion de la majorité de ses membres ?

Comment un journal chrétien peut-il publier une phrase pareille : « Nous avons besoin d'un Messie qui vienne comme juge. » Chacun sait que Jésus a dit : « Ne jugez pas... » Où est la logique ? Où est l'indépendance de la pensée ?

L'autre jour, on m'a raconté deux histoires qui rentrent pleinement dans notre sujet. Une entreprise avait inscrit quatre de ses collaborateurs à un cours sur la Pensée positive. Ce cours durait une demi-journée et coûtait 120 francs. Peu avant le cours, l'entreprise annula le contrat sous prétexte que « les affaires n'allaient pas bien ». Où est la logique ? Il est probable que ces gens avaient justement un urgent besoin d'un cours sur la Pensée positive. Quand les affaires déclinent, on n'a plus le temps pour la Pensée positive. Quel nonsens. Et c'est ce que nous appelons « l'homme, le point culminant de la création ».

Le second exemple est encore plus absurde – s'il est possible d'être plus absurde.

Une femme confie à l'une de ses amies que les moustiques ne la piquent pas parce qu'elle sait se protéger. Là-dessus, son amie – une femme moderne, intelligente de l'aube du XXIe siècle – lui répond : « Mais les moustiques ont besoin de sang pour vivre ; je l'ai lu dans un livre. Ce n'est pas très gentil de ne pas laisser les moustiques te piquer. » Voilà une nouvelle théorie hautement intéressante : Dieu aurait créé l'homme parce que les moustiques ont besoin de sang.

Ensuite, on s'étonne de la multitude des problèmes auxquels l'humanité et l'individu sont confrontés.

L'un de ces problèmes, c'est l'étendue du chômage. Voilà encore un excellent exemple de notre incapacité de penser logiquement et indépendamment. Sans cesse, on nous parle de réduire le nombre d'heures de travail par semaine afin que les places de travail existantes soient redistribuées à davantage de personnes. Cela n'a rien à voir, mais vraiment rien à voir avec la réalité et avec l'expérience acquise depuis des milliers d'années. Derrière cette proposition, on trouve l'idée que la quantité de travail est limitée. Cela n'est pas vrai. Mais par contre, cela correspond parfaitement aux limitations de notre pensée. En effet, notre position ne nous permet pas d'imaginer que la somme de travail soit illimitée. C'est l'homme lui-même qui crée le travail, certainement pas en travaillant moins, mais en étant créatif. La quantité de travail n'est pas une donnée imposée de l'extérieur, c'est nous qui la produisons. Avec notre étroitesse de pensée et nos convictions que le travail est mauvais, qu'il doit donc être réduit le plus possible, nous avons créé une situation de manque de travail. Et à présent nous nous plaignons de ce manque de travail. Cela a peu de rapport avec la logique. Nous ne pouvons pas dénigrer le travail pendant des années – en luttant pour une réduction des heures de présence – et croire que cela n'aura pas de conséquences. Apparemment, nous avons maintenant atteint une situation que certaines personnes espéraient : moins de travail. Que cela puisse déboucher sur le chômage, personne ne l'avait bien entendu imaginé. Nous récoltons aujourd'hui ce que nous avons semé durant des années. Les principes sont si simples...

Considérons l'ampoule, l'invention d'Edison, et les chaînes de montage de Ford. Ces deux inventions ont généré des millions de places de travail. Mais nous n'avons pas besoin de remonter si loin ; pensons à l'industrie horlogère suisse, et à la Swatch. C'était un véritable succès créatif, qui a non seulement maintenu des places de travail, mais en a généré de nouvelles. Aujourd'hui pourtant, quelle est la plus grande préoccupation dans les entreprises ? La réduction du coût de production, notamment par la diminution des places de travail. Cette politique ne découle pas d'un manque de travail, mais d'un manque de créativité et de flexibilité. La question n'est pas **de répartir un montant limité de travail, mais de créer de nouvelles activités.** Cela exige toutefois un peu de fantaisie et d'imagination. Manifestement, c'est plus difficile que de s'entêter à discuter la redistribution du travail.

L'idée de réduire les heures de travail pour résoudre la question du chômage comporte un autre illogisme. Si les employés travaillent moins, alors leur entreprise gagne moins ; ou alors, pour que l'entreprise continue à gagner autant, il faudrait que les employés gagnent moins. Mais si les employés gagnent moins, ils consomment évidemment moins. Le problème du chômage ne sera certainement pas résolu par une diminution de la consommation. C'est exactement le contraire qui devrait se passer. Les employés devraient travailler plus pour le même salaire. C'est seulement de cette façon que l'entreprise pourrait plus gagner ; et ce n'est que lorsque la compagnie gagne davantage que de nouveaux employés peuvent être engagés. Tout le reste n'est qu'illusion. De plus, les entreprises investiraient plus si elles gagnaient plus, ce qui redynamiserait l'économie. Davantage de travail pour le même salaire, voilà qui serait social. Moins de travail pour moins de salaire n'a rien de « social », et aggrave le chômage. La meilleure manière de précipiter notre ruine, c'est de réclamer moins de travail pour un salaire identique.

Nous aurions un besoin urgent de gens capables de penser librement, indépendamment des dogmes. Des gens qui ne s'endorment pas dans des modèles de pensée existants, mais osent remettre en question les idées conventionnelles. Heureusement, de tout temps quelques hommes en ont été capables. Christophe Colomb était un de ces hommes, lui qui fut presque condamné comme hérétique parce qu'il avait osé croire ce que tout enfant sait aujourd'hui : que la Terre est ronde. À l'époque, c'était une idée outrageante. Aujourd'hui, il existe aussi des gens qui professent des idées « outrageantes ». Mais il est bon de se rappeler que dans quelques années, ces idées paraîtront sûrement normales. Dans ce livre aussi, vous trouverez peut-être des idées « outrageantes ». Si c'est le cas, je n'ai qu'une recommandation à vous faire : balancez par-dessus bord toutes les idées préconçues, et essayez de reconsidérer toute cette histoire librement et indépendamment. Testez ces idées « outrageantes » dans votre vie. Philosopher à leur propos ne sert à rien. Seule l'expérience compte. Colomb aurait pu parler pendant des décennies de la rondeur de la Terre ; mais qu'elle soit réellement ronde, personne n'aurait eu le moyen de le savoir. Seule l'expérience compte.

À ce propos, je soumets à votre réflexion une citation du physicien français J.-É. Charon :

« Contrairement à l'opinion généralement acceptée, je suis intimement convaincu que la science fera ses plus grandes découvertes lorsqu'elle reniera l'expérience des faits. »

Vous aussi, en tant qu'être humain, vous ferez les plus grands progrès en mettant en question l'opinion généralement acceptée.

3. CONSÉQUENCE :
LES PROBLÈMES NE PEUVENT PAS ÊTRE RÉSOLUS

Celui qui se rend impuissant ne peut pas espérer atteindre ses objectifs rapidement, ni résoudre ses problèmes de manière optimale. Mais nous connaissons tous des exemples de gens qui en ont été capables. Jésus de Nazareth représente pour moi l'exemple extrême – on découvre plus facilement certains mécanismes dans les cas extrêmes. Si nous considérons l'ensemble des qualités que nous avons employées pour nous rendre impuissants, nous pouvons considérer les faits suivants :

Jésus n'avait pas peur.
Jésus ne se considérait pas comme un pécheur.
Jésus ne rejetait pas sa responsabilité.
Jésus ne se mêlait pas des affaires des autres.
Jésus ne cherchait pas son salut dans le monde extérieur.
Jésus considérait la vie comme radicalement simple.
Jésus ne se reposait pas uniquement sur la rationalité et l'analyse.
Jésus pensait d'une manière totalement logique et indépendante.
Jésus pensait en analogies.

Nous savons tous ce qu'il a accompli. Il était incroyablement puissant.

Maintenant, certains vont objecter : « Oui, bien sûr, Jésus a pu accomplir cela, mais je ne suis pas Jésus. » Je suggère à ceux-ci d'apprendre tout d'abord à penser un peu plus indépendamment. Ils constateront alors que toutes ces qualités énumérées ci-dessus, chaque être humain est au moins capable d'y aspirer. Si cela ne suffit pas, je leur suggère alors d'étudier la Bible plus attentivement. On y trouve inscrit mot pour mot l'affirmation de Jésus : **« Ce que j'ai fait, vous pouvez aussi le faire. »**

Selon toute évidence, deux mille ans n'ont pas suffi pour comprendre cette simple affirmation. « Ce que j'ai fait, vous pouvez aussi le faire. » Si quelqu'un sait de quoi il parle, c'est bien celui qui a pu accomplir toutes ces choses.

En tant qu'individu, nation ou humanité, nous pouvons tout essayer, mais si nous ne sommes pas prêts, si nous n'avons pas la volonté d'abandonner les comportements qui nous entravent, nous ne ferons jamais de réels progrès. À mon avis, il est inutile de décrire dans le détail toutes les attitudes qui nous rendent impuissants et d'intellectualiser à leur sujet. Ce qui compte, c'est la vie et l'expérience. Soit nous agissons et nous voyons les résultats, soit nous n'osons pas faire le pas et toutes nos discussions théoriques ne mènent nulle part.

Dans la deuxième partie, nous verrons de plus près que la question majeure n'est pas de résoudre les problèmes du monde – ce qui serait de nouveau de l'ingérence – mais avant tout de résoudre nos propres problèmes. Tant que nous ne comprenons pas ceci, il ne pourra pas y avoir de progrès dans le développement humain.

Je veux encore souligner qu'avec notre logique conventionnelle de « l'un ou l'autre » les problèmes ne peuvent pas être résolus. Dans ses publications, Frederic Vester donne beaucoup d'exemples de l'incapacité de la pensée logique conventionnelle de résoudre des problèmes hautement complexes et interconnectés. Non seulement cette approche logique conventionnelle s'avère incapable de résoudre ces problèmes, mais elle les aggrave. Les exemples les plus dévastateurs se rencontrent dans la médecine, plus particulièrement dans les traitements du cancer, du sida et dans les tentatives faites pour maîtriser le problème de la drogue. Là, nous expérimentons pleinement l'échec de « notre » approche rationnelle. Il est nécessaire que vous réalisiez combien vous vous limitez vous-même, et ce faisant, comment vous vous coupez des solutions les plus simples. Un esprit purement intellectuel et rationnel sera probablement perturbé par le mot « simple » de la phrase précédente. Pour lui, rien ne peut être simple. Je lui recommande de relire la citation de John Wheeler au début de ce livre ; je dois aussi lui dire qu'il n'est absolument pas informé, et qu'il vit encore dans le siècle passé. Apparemment, il n'a pas encore saisi que les sciences occidentales les plus avancées, sur lesquelles il s'appuie, ont entretemps découvert des systèmes de logique paradoxale qui correspondent à des connaissances asiatiques millénaires, mais également aux principes fondamentaux du christianisme – auquel il prétend aussi appartenir.

Que vous vouliez vous rendre puissant ou impuissant, cela dépend entièrement de vous.

C'est votre vie, pas la mienne.

Deuxième partie

Les bases fondamentales du Principe LOL^{2}A

1. Ainsi fonctionne l'être humain

Et il n'est pas une chose que je connaisse si peu que moi-même, que Siddhartha

Hermann Hesse, *Siddhartha*

Le Principe LOL^{2}A repose sur une idée particulière de l'homme. C'est cette idée de l'homme que nous allons décrire dans ce chapitre. L'expérience quotidienne enseigne que la seule possibilité pour nous de résoudre nos problèmes est de nous en tenir strictement à cette idée de l'homme. Mais la réalité quotidienne montre qu'en général nous ne respectons pas ces principes et par conséquent nos problèmes, au lieu de diminuer, ont tendance à s'aggraver.

Celui ou celle qui veut évoluer à pas de géant dans sa vie privée ou professionnelle doit simplement adhérer à cette idée de l'homme, c'est-à-dire mettre en pratique dans la vie courante les principes présentés ci-après.

1.1 Le plus radical des principes

C'est de moi seul que j'apprendrai, que je serai l'élève, c'est par moi que je saurai le mystère de Siddhartha.

Hermann Hesse, *Siddhartha*

Dans mes séminaires, je demande toujours ce qui doit changer pour qu'une situation donnée s'améliore. La plupart du temps, la réponse surgit spontanément : « Le changement doit commencer en moi-même. »

C'est une réponse étrange. Étrange, car elle contredit complètement la pratique quotidienne. L'expérience montre que dans la plupart des cas, c'est plutôt aux autres que nous demandons de changer.

L'employé espère que son patron change. Le patron espère que ses employés changent. Le gouvernement espère que les citoyens changent. Les citoyens espèrent que le gouvernement change. L'entrepreneur espère que les banques abaissent leurs taux d'intérêt. Les épargnants espèrent que les banques augmentent leurs taux d'intérêt. Au milieu de l'année 1993, les Français espéraient que les Allemands abaisseraient leurs taux d'intérêt, et qu'ainsi l'économie de leur pays s'améliorerait. Quant à Mme Meyer, elle pense que Mme Durand est incapable d'élever ses enfants, et qu'elle devrait changer.

Karl Marx pensait que la société devait être transformée pour qu'enfin l'homme change. Mais la société n'est-elle pas composée d'êtres humains ? Même l'ONU estime que certains individus, certains gouvernements et certains peuples doivent changer.

En règle générale, on peut constater que ce sont les vertueux qui demandent aux autres de changer – les autres étant évidemment ceux qui manquent de vertu. En partant toujours de la supposition que ce sont les autres qui doivent changer, rien ni personne ne change. Il en résulte un blocage, une situation où responsabilité et pouvoir sont rejetés.

En toute logique, on peut effectivement s'étonner que chacun admette que le changement commence en soi-même, parce que dans la pratique, chacun fait exactement le contraire. Le chômage nous en donne un bon exemple. Beaucoup de gens savent ce que les autres devraient faire. Si un chômeur pense que c'est la faute de son ex-patron, du gouvernement ou de la banque nationale ou…, il réduit énormément ses chances de trouver un nouvel emploi. Pourquoi ? Simplement parce qu'il se rend complètement impuissant. Il se rend dépendant des autres. Et s'il compte sur les autres, il peut attendre longtemps.

S'il vous plaît, n'allez pas me dire que c'est de la théorie. Dans les années 70, j'ai moi-même été au chômage. Heureusement, je n'ai pas fait porter la responsabilité de ma situation à mon patron ou à la récession, mais j'ai cherché en moi-même. J'ai pris l'entière responsabilité de ma situation ; en conséquence, j'ai très rapidement retrouvé un emploi. Si j'avais rendu Dieu et le monde responsables de ma situation, je serais resté longtemps chômeur.

L'idée que les autres doivent changer conduit inévitablement à une aggravation du conflit, donc à des problèmes ; chacun est à même de le vérifier dans la pratique.

Aussi longtemps que nous voulons améliorer le monde en changeant les autres (en les rendant meilleurs), nous créons de nouveaux conflits. Le communisme de caractère soviétique devrait être suffisamment explicite. Pendant longtemps ses dirigeants ont essayé d'imposer aux autres cette doctrine. Résultat : oppression, conflits et guerre.

> Ce qui est valable pour l'humanité ou pour un peuple l'est aussi pour un individu. Si vous pensez que vous pouvez résoudre vos problèmes personnels sans changer vous-même, vous faites erreur. Chose intéressante, certaines personnes préfèrent mourir que de changer. (Souvenez-vous de l'homme aux problèmes cardiaques.)

Bien sûr il est plus facile de rendre les autres responsables de sa situation que de mettre en chantier son propre changement. Notre propre changement a des conséquences beaucoup plus importantes que nous ne l'imaginons, pour une raison bien simple : si nous changeons, nous changeons le monde extérieur. (Nous en parlerons plus en détail dans le chapitre 2.2.) **Lorsque vous changez, le monde se transforme.** Sentez-vous le pouvoir contenu là-dedans ?

C'est sur ce **principe radical** que sont basées toutes nos réflexions.

Tout changement doit commencer en moi-même.

C'est une sagesse très ancienne. Si tout le monde balayait devant sa porte, le monde serait propre. Mais où l'ONU balaie-t-elle ? Où les gens de vertu balaient-ils ? Où toutes ces associations éthiques balaient-elles ? Où les partis politiques balaient-ils ? Devant leurs propres portes ?

Cette sagesse est connue en Orient depuis des millénaires :

Si tu veux rétablir l'ordre dans ton pays,
tu dois d'abord rétablir l'ordre dans les provinces.

Si tu veux rétablir l'ordre dans les provinces,
tu dois d'abord rétablir l'ordre dans les villes.

Si tu veux rétablir l'ordre dans les villes,
tu dois d'abord rétablir l'ordre dans les familles.

Si tu veux rétablir l'ordre dans les familles,
tu dois d'abord rétablir l'ordre dans ta famille.

Si tu veux rétablir l'ordre dans ta famille,
tu dois d'abord rétablir l'ordre en toi-même.

C'est aussi simple que cela, et pourtant si difficile.

C'est pourquoi nos hommes politiques ne pourront jamais résoudre nos problèmes. Un homme politique est par définition quelqu'un qui se mêle des affaires des autres. Combien y a-t-il de pays et d'organisations qui s'ingèrent dans les affaires des autres ? Mais cela ne doit pas vous inquiéter pour autant. Ce que les autres font, c'est leur problème. La seule chose qui compte, c'est vous. Par une attitude imprégnée de puissance, vous devriez être capable de résoudre vos problèmes et d'atteindre vos objectifs. Ce que font les autres, leur façon de se comporter, c'est leur affaire.

Il n'existe qu'une seule personne importante qui doive changer dans ce monde, et cette personne, c'est vous.

Tous les autres nous les laisserons en paix.

1.2 Le principe du libre arbitre

L'homme, chaque homme, possède le libre arbitre. Vous allez peut-être rétorquer : « Oui, et alors ? Quelle en est l'importance ? »

Elle est considérable, pour ne pas dire capitale.

Grâce au libre arbitre, l'être humain peut penser ce qu'il veut. Cela signifie que nous ne sommes pas les victimes ou les esclaves de nos pensées. Nous en sommes les maîtres. Imaginez : l'être humain peut penser ce qu'il veut ! Vous pouvez penser ce que vous voulez. Cela n'est pas évident. Le libre arbitre vous donne une liberté totale. Et cette liberté vous donne également du pouvoir. Pourquoi est-ce ainsi ? Nous l'étudierons plus en détail dans le chapitre « Action = Réaction ».

Pour l'instant, je tiens à souligner que le principe du libre arbitre n'est pas à prendre à la légère. C'est à mon avis le plus grand cadeau que l'être humain ait reçu. Cela lui donne la possibilité de penser ce qu'il veut de la vie, du monde, des autres et de lui-même... Nous utilisons tous ce don constamment, à notre avantage ou à notre désavantage.

Par exemple, il y a des gens qui pensent que le monde est une vallée de larmes. D'autres pensent que le monde est plein de merveilleuses possibilités, d'autres pensent que M. Durand est bon bourgeois et beau parleur alors que les autres le considèrent comme un père de famille modèle. Tout est possible, car nous disposons du libre arbitre.

Tout est possible, cela signifie aussi : la guerre est possible, la paix est possible, la maladie est possible, la santé est possible, la richesse est possible et la misère est possible.

Certains s'écrient devant la guerre et la famine : « Comment est-ce possible ? Comment Dieu peut-il laisser se produire des choses pareilles ? »

Non seulement il le peut, mais il le doit ! Il le doit ; car l'être humain est doté du libre arbitre, ce qui signifie que **tout est possible** !

Mais ceci implique encore autre chose : **la totale responsabilité.** La liberté de penser ce que nous voulons implique la responsabilité pour tout ce que nous pensons. Et cela a des conséquences, car nos pensées affectent nos sentiments et nos actes. La liberté est toujours liée à la responsabilité. Chaque individu pouvant penser ce qu'il veut du monde, il ne peut pas se débarrasser de sa responsabilité. Personne ne l'oblige à penser que le monde est mauvais, c'est son jugement. Lui seul en est responsable. Même si six milliards de gens pensent que le monde est mauvais, vous avez, chères lectrices, chers lecteurs, encore la possibilité de penser autre chose. Vous portez la responsabilité de vos pensées ainsi que de leurs conséquences. Ces conséquences, nous les découvrirons dans le chapitre « Action = Réaction ».

Le principe du libre arbitre a des conséquences étonnantes. Par exemple, personne, ni extraterrestre ni Messie n'a le droit de sauver l'homme contre sa volonté – quoi que ça puisse vouloir dire. Si l'homme veut se ruiner, c'est son droit ; il a reçu le libre arbitre. Mais il doit en accepter les conséquences.

Si l'on entre pleinement dans la logique du libre arbitre, cela nous montre encore une chose : l'avenir n'est pas prévisible. C'est logique, n'est-ce pas ? Grâce au libre arbitre, chaque individu peut changer ses pensées à tout instant – s'il le veut. Ainsi son avenir change. Toutefois vous avez raison de rétorquer que certaines personnes savent prédire l'avenir. C'est vrai, mais seulement parce que d'ordinaire les gens ne changent pas leurs pensées, tout au moins pas soudainement. L'avenir n'est prévisible que lorsque les gens concernés ne changent pas leurs pensées. Mais si quelqu'un change ses pensées, il change son avenir – peu importe ce qu'un clairvoyant a bien pu prévoir. Lorsque ma femme était enfant, un voyant lui avait « prédit » qu'elle ne se marierait jamais et n'aurait pas d'enfants. Elle est mariée depuis longtemps et a deux enfants. L'avenir n'est pas modelé par des voyants, ni par une destinée inconnue, mais par nous-mêmes – par vous-même.

Les conséquences de l'imprévisibilité de l'avenir sont considérables. Il n'existe pas de plan irrévocable pour l'avenir de l'humanité – ou celui de l'individu. Il ne peut pas y en avoir, car cela entrerait en contradiction totale avec le principe du libre arbitre. Cela veut aussi dire que la destinée d'une personne – la vôtre – ne se trouve ni dans le marc de café, ni dans les lignes de votre main, ni dans les étoiles. Votre destinée ne se trouve dans ces choses que si vous leur donnez du pouvoir dans votre vie. Le plus grand pouvoir se trouve dans l'homme lui-même et dans son aptitude à penser par lui-même, et non dans les caprices des étoiles.

Vous voyez, le principe du libre arbitre comporte d'énormes conséquences. C'est une loi de l'univers, car c'est une expression d'amour inconditionnel. Seul un amour inconditionnel peut offrir le libre arbitre à l'humanité. Le principe du libre arbitre et l'amour inconditionnel sont inséparables ; l'un n'existe pas sans l'autre. Lorsque vous donnez à un autre le droit de penser ce qu'il veut, c'est une expression d'amour inconditionnel.

Les conséquences du libre arbitre deviendront plus évidentes au fur et à mesure de la lecture de ce livre. Une dernière chose à ce sujet :

« Ce que tu vois dans l'autre, tu le deviens.
Dieu, si tu vois Dieu ;
Poussière, si tu vois la poussière. »

Heureusement, vous possédez le libre arbitre : vous pouvez penser et voir ce que vous voulez.

1.3 Le potentiel humain

Dans ce chapitre, nous allons répondre à deux questions. Premièrement : qu'est-ce que le potentiel humain ? Deuxièmement : le potentiel humain est-il limité ou illimité ? La réponse à ces deux questions revêt une importance cruciale pour la suite de notre réflexion.

Qu'est-ce que le potentiel humain ?

Le potentiel humain – votre potentiel – est constitué de deux facteurs fondamentaux : l'énergie et l'intelligence.

Les physiciens nous disent que tout est énergie. Vous êtes énergie, je suis énergie, l'arbre est énergie, la table est énergie, etc. Sans énergie, nous ne pouvons pas nous mouvoir, nous ne pouvons rien produire. Sans une quantité suffisante d'énergie, nous ne pouvons pas atteindre nos buts ni résoudre nos problèmes. Par contre, plus nous avons de l'énergie à notre disposition, plus vite nous atteignons nos buts, plus vite nous résolvons nos problèmes. Voilà bien ce que nous cherchons, n'est-ce pas ? Le Principe LOL^{2}A devra donc répondre aux questions suivantes. « D'où vient votre énergie ? » « Où perdez-vous de l'énergie ? » « Où bloquez-vous de l'énergie ? » « Comment maximisez-vous votre potentiel d'énergie ? »

Pour une entreprise, il s'agit de maximiser le potentiel d'énergie de tous les collaborateurs, puis de le canaliser vers des objectifs spécifiques. Par conséquent, le management peut être considéré comme un processus de gestion d'énergie.

Nous verrons qu'il existe des attitudes produisant un maximum d'énergie humaine – entendez par là : pouvoir.

Mais l'énergie seule ne suffit pas. Nous avons besoin d'intelligence ; une intelligence qui nous aide à prendre les bonnes décisions. Je fais ici référence à une intelligence universelle qui n'a rien à voir avec ce que nous avons appris à l'école. Je pense à une intelligence universelle indépendante de l'éducation, à la disposition de chaque être humain. Que nous considérions un gouvernement, une entreprise ou un individu, nous finissons toujours par nous demander si les décisions prises sont plus ou moins « bonnes » ou plus ou moins « mauvaises » – ce qui dépend directement de ladite intelligence universelle qu'un homme peut ou ne peut pas appliquer. Qui ne connaît pas des entreprises où tout marche bien et d'autres où tout va mal ? Une compagnie qui accumule les mauvaises décisions ne reste pas longtemps sur le marché. Le Principe LOL²A va donc se révéler très utile en apportant des réponses aux questions suivantes : « Comment activer mon intelligence universelle ? » « Comment et où obtenir les bonnes réponses à mes questions ? »

Nous arrivons au point suivant : le potentiel humain est-il limité ou illimité ? Nous allons considérer la question sous deux angles. Tout d'abord, considérons les facteurs cités plus haut qui constituent le potentiel humain : l'énergie et l'intelligence. L'énergie est-elle limitée ? L'intelligence est-elle limitée ? L'énergie est vibration, et la vibration peut être changée à volonté. Et l'intelligence ? Où sont les limites de l'intelligence ? J'estime que l'énergie et l'intelligence sont illimitées ; par conséquent, le potentiel humain est lui aussi illimité. La seule chose à faire, c'est de découvrir comment maximiser l'énergie et l'intelligence.

Ce qui est génial avec les principes fondamentaux de la vie, c'est qu'il existe une attitude qui conduit à la fois à un maximum d'énergie et à un maximum d'intelligence. Le Principe LOL²A donne une description détaillée de cette attitude.

Dans son livre *Die Welt als Du*, Balthasar Staehelin, psychologue et médecin zurichois, propose un autre regard sur la nature du potentiel humain. Son approche de l'être humain rejoint notre propre réflexion : l'homme est constitué de deux réalités.

La première est une réalité limitée, finie. C'est le domaine de la rationalité et par là, de l'analyse.

J'appelle ce domaine « la pensée de l'intellect ». Nous voulons tout expliquer par l'intellect. C'est le domaine de l'explicable, donc celui de la planification. Avec notre intellect, nous essayons de comprendre l'avenir, de le planifier. Mais comme l'intellect ne peut jamais savoir avec une certitude absolue ce dont l'avenir sera fait, ce domaine – cette première réalité – débouche inévitablement sur le doute et la peur. Est-ce que ça va fonctionner ou non ? Qui peut le savoir ? Bien sûr, l'intellect n'en sait rien. À l'aide de la tête, on peut imaginer toutes sortes d'ennuis, d'accidents et de catastrophes. L'intellect est très inventif. Balthasar Staehelin a constaté un fait que tout le monde peut observer : tous nos problèmes découlent de cette première réalité, de la pensée de l'intellect. Avec l'intellect nous nous jugeons et nous nous empêtrons de plus en plus dans des problèmes. Si nous regardons autour de nous, nous constatons vite que ces problèmes ne sont pas résolubles avec la tête. Notre monde dispose d'une connaissance jamais atteinte dans toute l'histoire de l'humanité. Mais il s'agit d'une connaissance purement intellectuelle. La conséquence, c'est que notre monde n'a jamais eu autant de problèmes qu'aujourd'hui. Si l'intellect avait réellement la capacité de résoudre les problèmes, nous devrions ne presque plus en avoir, tellement notre connaissance est grande. Mais tout le monde sait que cela n'est pas le cas. Malgré une croyance très répandue, la rationalité, l'intellect est extrêmement limité. **Nous ne pouvons pas résoudre les problèmes de la vie illimitée avec une pensée intellectuelle limitée.** Nous devrions vraiment un jour nous enfoncer cela dans le crâne.

Les qualités de la première réalité sont bien souvent considérées comme masculines : intellect, analyse, lutte, domination sur les autres, etc. Nous voyons très bien autour de nous et dans les médias ce que ces attitudes masculines nous ont amené : des problèmes et des conflits aussi loin que la vue peut porter. Ce sont les purs matérialistes qui défendent le plus ardemment la première réalité. L'ex-Union soviétique nous montre bien où conduit ce type de matérialisme. N'oublions pas que la philosophie officielle du communisme russe découle du matérialisme de Marx et d'Engels. Pour Engels, il n'existait rien d'autre que la matière en constante transformation. Pour les gens concernés, les conséquences d'un tel système de pensée sont loin d'être agréables.

Heureusement, l'homme n'existe pas seulement dans cette première réalité limitée. Chaque être humain a également accès à ce qu'on appellera « la seconde réalité ». Cette réalité ne partage pas les limitations de la première ; elle est illimitée. C'est le champ de l'inexplicable, de la synthèse et non de l'analyse. Dans cette réalité, rien n'est séparé ; tout tient ensemble. On n'y considère pas la dualité, mais l'unité. De ce fait, il n'y a pas de jugement. Conséquence logique, ce champ n'occasionne ni conflit ni problème. Il n'y a pas de jugement, car rien n'est disséqué/analysé. C'est le champ du **maintenant** éternel : il n'y existe ni doute ni peur. Le doute et la peur n'émergent que lorsque l'on pense à l'avenir. La seconde réalité ne comportant pas d'avenir, elle ne comporte pas non plus de peur ou de doute ; c'est simplement impossible. Vu qu'il n'existe pas non plus de passé, nous ne pouvons plus être troublés par des sentiments de culpabilité. Les sentiments de culpabilité ont leur origine dans le passé, dans des choses que l'on suppose avoir mal fait.

S'il n'existe ni peur, ni doute, ni sentiment de culpabilité, qu'est-ce qui reste ? La confiance. Ce champ est celui de la confiance totale. Confiance en la vie, en l'intelligence universelle, en Dieu – peu importe le nom que vous donnez à cette puissance.

Cette seconde réalité, je l'appelle celle de « la pensée du cœur ». C'est là que le cœur, les sentiments et l'intuition parlent ; c'est illimité, par rapport aux limites de la pensée intellectuelle. Durant des années, nous avons tenté de séparer l'intellect du cœur. Par la force, nous avons essayé de nous limiter. Au lieu de faire confiance à l'intelligence illimitée qui nous habite, nous avons accordé tout crédit à une intelligence considérablement plus limitée, et dans cet incomparable aveuglement, nous avons imaginé pouvoir résoudre nos problèmes. Nous avons ligoté la pensée du cœur ; est-ce étonnant qu'il se produise autant d'infarctus ? Comment le cœur peut-il s'épanouir si l'on le coupe de la tête ?

À l'aide de la sagesse de cette seconde réalité, on peut résoudre tout problème. Cette sagesse étant illimitée, elle tient à disposition toute information (chose impossible pour l'intellect) et permet de prendre les meilleures décisions.

Mais ne nous leurrons pas : la majorité de l'humanité préfère dépendre de la source d'information limitée de l'intellect – ce qui a peu à voir avec la raison. J'ai déjà abordé ce point au chapitre 2.8 de la première partie « L'incapacité de penser logiquement ». Ce n'est qu'un exemple de plus de cette incapacité de penser logiquement.

Les caractéristiques inhérentes à cette seconde réalité sont souvent considérées comme féminines : cœur, sentiment, intuition, unité. Il est intéressant de noter que la femme prend une part de plus en plus active dans tous les secteurs de la société. Cette tendance va certainement encore s'accentuer dans l'avenir. Les qualités masculines ont amené d'étonnants résultats matériels, mais ont lamentablement échoué dans la solution des problèmes. Aujourd'hui, nous avons davantage besoin de qualités féminines.

Une femme m'a confié qu'elle est souvent amenée à prendre des décisions avec des hommes ; elle a toujours une connaissance intuitive de ce qu'elle estime être la meilleure décision à prendre. Les hommes finissent toujours par lui demander comment elle est arrivée à cette décision, et si elle peut l'expliquer ou le prouver (première réalité !). Chaque fois, elle doit admettre qu'elle ne peut pas « le » prouver (seconde réalité, le non explicable !). Jusqu'à ce jour, elle s'est toujours sentie stupide ; les hommes peuvent toujours tout expliquer et elle, non. Mais en fait, elle collabore avec une intelligence beaucoup plus vaste, et les hommes ne comptent que sur l'intelligence limitée de l'intellect.

Pour ne pas alimenter de malentendus, je tiens à préciser que ces deux réalités n'ont rien à voir avec les différences entre hommes et femmes. Ces deux réalités existent en chaque être humain. Mais apparemment, l'un parvient plus facilement que l'autre à entrer en contact avec cette seconde réalité.

Pour résumer, l'homme – chaque homme – est à la fois constitué d'une intelligence limitée et d'une intelligence illimitée. C'est à chaque individu de décider (le principe du libre arbitre) sur laquelle de ces intelligences il s'appuie. La question qui m'intéresse profondément dans cette histoire, c'est de savoir comment activer cette intelligence universelle en moi. On peut formuler cette question différemment : comment écouter Dieu en moi ?

Le Principe LOL^{2}A donne une réponse claire et simple (si ce n'était pas le cas, vour pourriez jeter ce bouquin).

Les implications de cette conception de l'homme – que nous n'avons évoquée ici que sommairement – sont considérables : elles touchent tous les domaines de notre vie, et j'y reviendrai constamment dans les chapitres suivants.

Nous arrivons au terme de nos considérations sur l'être humain. Toutes les considérations ultérieures seront basées sur l'idée de l'homme que nous venons d'étudier.

L'être humain possède un potentiel illimité (énergie et intelligence).

L'être humain possède le libre arbitre.

L'être humain n'a qu'une seule personne à changer : lui-même.

2. Ainsi fonctionne le cosmos/la vie

2.1 Tout est vibration/énergie

La réalité fondamentale n'est pas la matière, mais la vibration/énergie. Cela se trouve vérifié par les plus récentes découvertes en physique, et spécialement en physique nucléaire. Ce fait a des conséquences inimaginables pour notre vie.

Si tout est énergie, alors nos pensées aussi sont énergie, ce qui veut dire qu'elles disposent d'une force pouvant affecter le monde extérieur. Les pensées ne sont pas des événements qui se produisent uniquement dans notre tête. Nous parlerons des conséquences de cette découverte dans le chapitre « Action = Réaction ».

Si tout est énergie, alors l'être humain est aussi énergie. Cela signifie deux choses : tout d'abord, comme on l'a déjà vu, l'être humain est toujours apte au développement ; deuxièmement, l'être humain est immortel. L'énergie ne peut pas disparaître.

Observons ce qui se passe lorsque nous apportons de l'énergie à un corps. La vibration (la fréquence) de ce corps augmente : l'état de ce corps se transforme. D'un morceau de glace, nous obtenons de l'eau. Si nous ajoutons encore plus d'énergie, nous obtenons de la vapeur – et même si nous ne voyons plus rien avec nos yeux, tout est encore là, rien n'a disparu.

C'est de la physique. Et ce qui est valable pour la glace et l'eau l'est aussi pour un être humain. Si un être humain parvient à élever suffisamment ses vibrations, il arrive forcément un moment où il devient invisible. Cela n'a rien de mystique ou de magique, cela tient simplement de la physique. Si cet être est devenu invisible, cela veut simplement dire qu'il a transformé son corps dense en un corps plus subtil, donc la mort n'existe pas. L'idée de la mort est un point de vue matérialiste tout à fait limité que nous avons créé et dont nous devons assumer les conséquences. Il y a deux mille ans, Jésus a essayé de nous faire comprendre que la mort n'existe pas : « Mort, où est ton aiguillon ? » Très peu de gens ont saisi cette idée. Le physicien J.-É. Charon fait partie de ceux-là. Un de ses livres s'intitule *J'ai vécu quinze milliards d'années*. Quinze milliards d'années, c'est l'âge que les physiciens donnent à notre univers. Pour lui également, la mort n'existe pas.

Si l'être est vibration, nous devons avoir la possibilité de changer cette vibration comme bon nous semble. La seule question, c'est : comment ? La réponse est simple : avec nos pensées. Nous modifions la vibration de notre corps avec nos pensées. Vous pouvez très facilement l'exercer. Pensez amour. Pensez haine. L'effet de ces pensées sur le corps est complètement différent, car les vibrations sont différentes. Nous pouvons nous penser complètement immergés dans la matière – certains en sont passé maîtres – ou nous pouvons nous penser au « paradis ». Cela dépend de nous (vous souvenez-vous du principe du libre arbitre ?).

Tout étant vibration, la maladie n'est rien d'autre qu'un état vibratoire disharmonieux. Il est donc logique que cette disharmonie puisse être modifiée par d'autres vibrations : la musique, les couleurs, les odeurs, et bien sûr, nos propres pensées. Cette idée n'est vraiment pas nouvelle. Novalis, le grand poète et mystique du romantisme, l'a brièvement formulée ainsi : « Chaque maladie est un problème musical » ; c'est donc un problème de vibration. Conséquence purement logique et physique : la maladie peut être guérie par la pensée. Ça aussi, Jésus nous l'a démontré.

Tout est une question d'énergie, et donc de vibration. Par exemple, nous pouvons considérer l'être humain comme un instrument de musique. Les sons et la musique sont des vibrations. Si un instrument de musique est désaccordé, il produit des sons disharmonieux. L'être humain est un instrument de musique désaccordé qui produit constamment des sons disharmonieux. Cela se traduit par l'agression, le conflit et le malheur : la question consiste à réaccorder l'instrument humain à l'aide de nos pensées. Mais personne ne peut le faire pour nous. Chaque individu est responsable de lui-même et de ses pensées – et donc des vibrations harmonieuses ou disharmonieuses qu'il émet.

Je suis toujours aussi étonné par l'immense sagesse qui sous-tend le langage. Un être humain est aussi appelé « une personne ». Le mot personne vient du latin personare. Sonare veut dire résonner ; per sonare signifie donc résonner à travers. Ainsi, l'être humain est ce qui résonne à travers. Là encore, nous retrouvons le son, la vibration.

Chaque être humain est un son, et un son est modifiable à volonté, il est harmonieux ou disharmonieux.

Si vous voulez résoudre vos problèmes de manière optimale, rapidement et avec un minimum d'efforts, vous devez constamment garder à l'esprit que tout est vibration – et de ce fait transformable. Même le béton est vibration – et donc transformable ; votre affreux collègue Meyer est vibration – et donc transformable ; l'enfant autiste est vibration – et donc transformable – même si la médecine officielle l'estime probablement « incurable ». Pour une médecine officielle à l'orientation matérialiste beaucoup de maladies sont incurables. Cela ne correspond en rien aux expériences tant répétées – et démontrées par Jésus –, ni aux dernières découvertes en physique nucléaire. En nous agrippant aux explications matérialistes, nous perdons notre temps et notre argent. Il serait beaucoup plus intelligent de nous baser sur les principes fondamentaux de l'univers. L'un de ces principes est : tout est vibration.

Notre langage l'exprime également. Prenons le mot « réalité ». Que signifie réalité ? Ce mot est composé de « Re » et de « Al ». Rê ou Râ est le dieu du soleil égyptien. Il n'y a pas de meilleur symbole de l'énergie et de la vibration ! Le soleil est lumière, chaleur. La lumière est vibration, énergie par excellence. Et « Al » nous ramène au Tout (en allemand comme en anglais, « All » signifie « le tout ») ou encore à Allah (Dieu). La réalité est donc la vibration divine, la lumière divine universelle – il n'existe rien d'autre.

Ceci est la réalité.

Pensez-y quand il s'agit de votre vie. Il vous appartient de vous penser dans les ténèbres de la matière ou de vous élever dans la lumière. C'est votre choix – et celui d'aucun autre. Ceci est la réalité. Tout le reste n'est que pensée limitée, ignorance et superstition.

Si vous pensez que le monde est une vallée de larmes, alors vous vous pensez en bas. Qu'il en soit ainsi.

Si vous pensez que le monde est une joyeuse aventure, alors vous vous pensez en haut. Qu'il en soit ainsi.

Cela n'est pas mystique, cela n'est pas de la religion. C'est de la physique pure.

2.2 Il n'existe pas de monde objectif

Écoute, Govinda, j'ai trouvé une pensée que tu vas encore prendre pour une plaisanterie ou pour une folie, mais qui, en réalité, est la meilleure de toutes celles que j'ai eues. La voici : le contraire de toute vérité est aussi vrai que la vérité elle-même !

Hermann Hesse, *Siddhartha*

Durant des décennies, on nous a persuadés qu'il existait un monde objectif, un monde que l'on pouvait mesurer avec précision et qui était identique pour tout le monde. En d'autres mots, il n'existait qu'un seul monde. Cette opinion est si enracinée en nous que beaucoup de gens éprouvent de grandes difficultés à l'imaginer autre. Voilà encore un bel exemple de notre incapacité de penser de manière indépendante. Nous sommes complètement imprégnés d'une vision spécifique du monde, d'une image d'un monde objectif pareil pour tout le monde.

Et ce monde n'existe pas !

À l'aide de la physique et de la neurobiologie, je vais à présent essayer de détruire complètement l'idée d'un monde objectif, car elle nous empêche de résoudre nos problèmes et nous rend victimes d'une certaine vision du monde.

Au fur et à mesure que nous avons avancé dans le XXe siècle, ce pressentiment s'est révélé être une certitude : il n'existe pas de monde objectif. Cette connaissance a probablement commencé avec la physique quantique. Là, nous avons découvert que « n'importe quoi » peut aussi bien être vu comme une particule que comme une onde, en fonction du regard de l'observateur.

Cette découverte fut considérable ; elle impliquait que le monde pouvait être influencé par l'observateur. Cela signifiait en fait rien d'autre que : il n'existe pas de monde objectif qui soit le même pour tout le monde.

Plus récemment, le physicien J.-É. Charon, qui a poursuivi les recherches sur la relativité d'Einstein, affirmait : « Le monde n'est pas, il est ce qu'on pense de lui. »

Imaginez : le monde est ce qu'on pense de lui ! Donc, nous pouvons jeter ce que nous pensons connaître du monde dans les poubelles de l'histoire. Et cela a des conséquences.

Le monde est ce qu'on pense de lui !

Vous n'êtes donc pas à la merci d'un monde quelconque bon ou mauvais. C'est vous seul qui déterminez la nature de votre monde. Vous décidez si votre monde est bon ou mauvais. N'est-ce pas juste ? N'est-ce pas fantastique ? Sentez-vous le pouvoir que vous avez tout à coup ? Vous n'êtes plus à la merci du monde ; c'est le monde qui est à votre merci. **Le monde est exactement ce que vous pensez de lui !** Ceci vous donne du pouvoir, du pouvoir sur le monde entier – sur votre monde.

Que pensez-vous du monde ?

Quoi que vous pensiez, c'est ainsi. C'est ça, le pouvoir.

Il n'existe pas seulement un monde, mais beaucoup de mondes. Chaque individu vit dans son propre monde, le monde qu'il a pensé pour lui-même. Si ce fait est donc reconnu, alors nous devons nous poser la question suivante : comment l'individu peut-il être stupide au point de penser que son monde est mauvais. A priori beaucoup de gens ont cette conviction.

Vraisemblablement tous ceux qui n'ont jamais entendu dire qu'il n'existait pas de monde objectif. En conséquence, pour leur malheur, ils sont tombés dans un piège millénaire.

La découverte que le monde est ce que chaque individu pense de lui a des conséquences qui dépassent notre imagination. Pour nous sensibiliser un peu plus à ce pouvoir, remplaçons le mot « monde » par d'autres mots très simples.

Ma femme est ce que je pense d'elle.
Mon mari est ce que je pense de lui.
Mes enfants sont ce que je pense d'eux.

Mes collaborateurs sont ce que je pense d'eux.
Mon patron est ce que je pense de lui.
Mes clients sont ce que je pense d'eux.
La récession est ce que j'en pense.
Etc., etc.

Sentez-vous l'incroyable pouvoir qui repose là-dedans ? Vous pouvez continuer cet exercice aussi longtemps que vous le souhaitez.

Si vous pensez maintenant que c'est de la théorie, alors vous avez raison ; le monde est ce que vous en pensez ! Ainsi ce livre et les idées qu'il contient sont ce que vous en pensez. **Ce livre n'est pas objectif ; il est ce que vous en pensez.** Il est non-sens si vous pensez non-sens, absurde si vous pensez absurde, sensationnel si vous pensez sensationnel.

Comprenons-nous bien : il existe bien sûr des phénomènes objectivement mesurables. Par exemple, un individu mesure 1,80 mètre alors qu'un autre ne fait que 1,70 mètre. Objectivement, l'un est plus grand que l'autre. Mais dans ce contexte, la question est autre. Il s'agit de l'impact sur d'autres êtres humains, c'est-à-dire d'un sentiment. Voilà la réalité proprement dite. Pour certains, par intuition (!), une taille de 1,80 mètre est très grande. Pour d'autres, intuitivement, il s'agit d'une taille normale. **Chacun a sa propre vérité** – et cette vérité vient de l'intérieur. C'est un sentiment.

La preuve scientifique qu'il n'existe pas de monde objectif signifie qu'il n'y a pas qu'une vérité, mais une quantité de vérités. Chaque homme possède sa propre vérité. Quelles en sont les conséquences ? On ne peut pas argumenter à propos de la vérité ! Tout ce que nous considérons comme vrai **est vrai !** Mais si pour une autre personne, l'opposé est vrai, alors c'est sa vérité. Sur une telle base de réflexion, tout conflit, toute guerre s'effondrerait. Vous ne pouvez pas argumenter à propos de la vérité, parce qu'il en existe plus d'une. La sagesse orientale se fonde sur cette idée (voir Hermann Hesse) en déclarant que le contraire de la « vérité » est aussi la « vérité ». Cela ne signifie rien d'autre que :

Rien n'est vrai ; tout est vrai.

La seule question déterminante, c'est de savoir si ce que vous considérez comme vrai entrave ou favorise votre développement. Avec le Principe LOL²A, je souhaite vous suggérer une vérité qui a toutes les chances d'activer votre développement.

Si vous pensez maintenant que c'est de la théorie, vous avez raison. Ce faisant vous vous rendez faible, victime de votre propre pensée. Si c'est ce que vous désirez, eh bien qu'il en soit ainsi ! C'est votre bon droit. À mon avis ce n'est pas très raisonnable. Quel homme se rend librement impuissant en jouant à la victime ? Beaucoup, manifestement. C'est le comble de la limitation volontaire de son propre pouvoir. Cela n'a vraiment rien à voir avec la raison.

En conclusion : l'homme, alors qu'il a en principe un potentiel illimité, joue librement à la victime impuissante (et ça, il faut le faire !).

Il n'y a pas que la physique nucléaire qui arrive à ces découvertes incroyables ; les plus récentes découvertes en neurobiologie parviennent aux mêmes conclusions. Dans leur livre *L'Arbre de la connaissance*, les deux chercheurs Maturana et Varela affirment :

« Il n'existe pas de vérité extérieure objective, ni de vérité universelle. » Ces deux savants disent aussi que le monde dépend de l'observateur. Nous revoilà donc au XIVe siècle, à l'époque où Abd al-Karim al-Jili, l'un des plus fameux mystiques de l'islam, disait à propos de l'être humain : « Les hommes sont comme des miroirs qui se regardent. » En définitive, c'est toujours moi-même que je vois dans l'autre, c'est-à-dire... mes pensées. Nous pouvons élargir cette idée : le monde entier fonctionne comme un miroir. Dedans vous n'y voyez en fait que vous-même : agression si vous êtes agressif, paix si vous êtes en paix.

Nous – vous et moi – **faisons** le monde avec nos pensées.

Mais que faisons-nous ? Pour savoir qui nous sommes ou pour connaître le potentiel de nos collaborateurs, nous nous faisons analyser, nous les faisons analyser ! Derrière tout cela, on retrouve cette idée (« bonne pour la poubelle ») d'un monde objectif. Il n'existe pas d'êtres humains objectifs. Répétons-le encore une fois :

Vous êtes ce que vous pensez être. Point.
Vos collaborateurs sont ce que vous pensez d'eux. Point.
Vos clients sont ce que vous pensez d'eux. Point.

Décidez vous-même ce que vous voulez penser de vous-même ou de vos collaborateurs. Mais prenez l'entière responsabilité de ce que vous pensez. Si vous avez compris cela, vous vous libérez de toute analyse. C'est économique, vous épargnez du temps et de l'argent. Le monde et l'univers sont organisés d'une manière incroyablement économique. Seul l'être humain a réussi à tout rendre si compliqué. Heureusement, les difficultés sont devenues si grandes que tôt ou tard, si nous voulons survivre, nous devrons déboucher sur de nouvelles idées. Que nous ne survivions pas ne serait pas une tragédie non plus, car comme chacun le sait, la mort n'existe pas.

Maintenant vous savez comment le monde fonctionne.
Vous changez le monde avec vos pensées.
Cela vous donne un pouvoir inimaginable.
Faites-en ce que vous voulez, grâce à votre libre arbitre.

2.3 Tout est UN

Il commençait à ne plus bien les distinguer ; celles qui avaient une note joyeuse se confondaient avec celles qui se lamentaient, les voix mâles avec les voix enfantines, elles ne formaient plus qu'un seul concert : la plainte du mélancolique et le cri du sceptique, le cri de la colère et le gémissement de l'agonie, tout ne faisait plus qu'un, tout s'entremêlait, s'unissait, se pénétrait de mille façons.

Hermann Hesse, *Siddhartha*

Pour certains lecteurs le chapitre précédent était peut-être « un gros morceau ». Pourtant ce qui suit est encore plus fort. Comme l'absence d'un monde objectif, la notion de « Tout est Un » n'est pas enseignée dans nos écoles officielles – du moins pas encore aujourd'hui. Mais j'ai le ferme espoir que dans les cinquante ou cent ans à venir, ces idées, reconnues tant par la physique que par les mystiques, seront intégrées dans les programmes scolaires. Qu'est-ce en fait, cent ans dans l'infinité du temps ?

Pour la plupart des gens le sentiment de séparation est sans doute un des plus gros problèmes. Je pense à la séparation entre les hommes, à la séparation de l'homme avec la nature, voire avec la vie. Ce sentiment de séparation est une illusion humaine ; en vérité, il n'existe aucune séparation. Le sentiment de séparation provient de l'intellect (voir chapitre 1.3). La pensée du cœur ne connaît pas ce sentiment de séparation. L'idée de séparation montre bien à quel point nous avons séparé la tête du cœur. Dans notre société, nous pouvons observer cela chez les gens accoutumés à la drogue ; ils sont parmi ceux qui souffrent le plus de ce sentiment de séparation.

Beaucoup de mystiques du passé nous ont appris qu'il n'existe pas de séparation ; qu'il n'existe que l'unité dans tout l'univers. Tout est relié à tout. Observons de plus près ce que les récentes découvertes en physique nous apprennent à ce sujet.

En physique théorique, le théorème de Bell est très connu. En 1964, J.S. Bell démontra qu'« aucune théorie de la réalité compatible avec la théorie quantique ne peut prétendre que des événements distincts dans l'espace soient indépendants les uns des autres ». Qu'est-ce que ça signifie ? Simplement que rien dans l'univers n'est séparé de quoi que ce soit. **Il n'existe aucune séparation entre les êtres humains, il n'existe aucune séparation entre les êtres humains et la nature, il n'existe aucune séparation entre les événements, quelle que soit leur distance apparente.**

Formulé différemment cela veut dire que dans tout point de l'univers l'information sur le tout est disponible. Formulé encore plus clairement cela signifie que chaque être humain dispose de toute la connaissance de l'univers, de tout ce qui est. Cela, les sages de l'Asie l'ont toujours soutenu. Aujourd'hui les découvertes de la physique nucléaire le confirment. Citons à nouveau le physicien J.-É. Charon : « Dans l'univers, chaque atome est relié à tous les autres atomes, à travers la substance (Esprit) de l'antimatière... Toute connaissance est potentiellement accessible à chaque atome de l'univers. »

Ces découvertes en physique sont bouleversantes. Pourtant, elles ne se sont pas encore intégrées à notre façon de penser. Quant à l'impact qu'elles ont sur votre vie, sur ma vie, sur la vie d'un vendeur, etc., nous en reparlerons dans la partie sur le Principe LOL^{2}A. Pour l'instant, contentons-nous d'observer comment le monde fonctionne.

Dans les années 1920, la physique quantique ébranla les sciences naturelles (vous vous souvenez : il n'existe pas de monde objectif). Si nous prenions ces découvertes au sérieux, elles ébranleraient aussi nos vies – dans un sens positif. Concernant la mécanique quantique, le physicien et chercheur sur le chaos Paul Davies a observé : « Comme la théorie de la relativité auparavant, la mécanique quantique a balayé beaucoup d'idées profondément enracinées sur la nature de la réalité. » Cela signifie que la réalité n'est pas telle que nous la pensions. Il n'existe pas de séparation dans l'univers ; seulement l'unité. Voilà la réalité.

Il ne s'agit pas d'un jeu pour physiciens, mais d'une réalité quotidienne **pour chaque être humain. Cette idée représente la solution à tous nos problèmes.**

Imaginez : Rien de ce qui se passe dans le monde (et dans l'univers) n'est séparé de vous. Et vice versa, tout ce que vous faites affecte le monde entier (et tout l'univers) ! Sentez-vous votre responsabilité ? C'est une idée à couper le souffle, au sens littéral du terme. Ce que vous faites – et pensez ! – affecte non seulement votre famille et votre entreprise, mais également l'ensemble de l'univers. Alors, êtes-vous maintenant un être puissant ou un être impuissant ? Vous voyez, nous en revenons toujours au même thème : l'inimaginable pouvoir de l'être humain.

Jusqu'à présent nous avons vu que :
Les mystiques le savent : tout est UN
Les physiciens le savent : tout est UN

Nous pouvons encore aller plus loin. Le bouddhisme zen aussi le sait : **tout est UN**. Le symbole de cette connaissance est le cercle – un cercle d'encre tracé à la main. Le cercle représente l'unité et englobe les contraires. Ce n'est pas « l'un ou l'autre », mais « l'un aussi bien que l'autre ». Dans notre société, le symbole de notre pensée n'est pas le cercle, mais la ligne droite tracée à la règle. Une ligne qui divise, avec la brutalité d'une autoroute. Elle symbolise notre pensée canalisée et dualiste. Herbert Achternbusch a trouvé une belle image pour ce phénomène : « L'autoroute dans le cerveau. » Si en plus nous imaginons cette ligne avec une flèche à chaque bout, nous découvrons la contradiction, la dualité. Les deux directions de la flèche se disputent. Le conflit découle clairement de la logique aristotélicienne, de la logique du « l'un ou l'autre ».

De cette façon nous ne pourrons jamais résoudre nos problèmes car, comme nous l'avons vu, la réalité est tout à fait différente. Contrairement aux idées d'Aristote, il n'existe pas de séparation, mais une unité. Cette idée de séparation conduit inévitablement aux conflits et les conflits coûtent inutilement du temps et de l'argent. Les conflits ne sont pas économiques.

Vous allez maintenant peut-être rétorquer que vous n'êtes pas bouddhiste et que vous ne connaissez rien à la philosophie orientale. C'est possible. Mais vous devriez au moins avoir entendu parler de la pensée chrétienne. Et là nous faisons une étonnante découverte : Jésus savait lui aussi que tout est UN. Ayant vécu il y a deux mille ans, à une époque où les connaissances de la physique actuelle n'étaient pas disponibles, il a dû trouver une formulation différente. On le sait, il parlait toujours en paraboles – c'est avec des images que l'on peut le mieux représenter les découvertes les plus complexes de la physique.

Jésus a dit : **« Ce que tu fais au plus petit d'entre nous, c'est à moi-même que tu le fais »** ; ainsi que : **« Moi et le Père sommes UN. »**

Si Jésus a pu dire ces phrases, en toute logique c'est qu'il savait que tout est un. Seulement là elles ont un sens. C'est une grande erreur de croire que l'idée d'unité vient exclusivement de l'Est. Elle est à la base du christianisme. Le christianisme est fondé sur l'amour, et comme nous le verrons plus tard, nous ne pouvons pas expliquer l'amour sans la notion d'unité. Les deux vont de pair. Ainsi les enseignements de Jésus traduisent une logique extraordinaire.

Vous avez peut-être déjà entendu parler de cette expérience de science naturelle : on a relié une plante à un appareil de mesure ; à quelque distance de là, on a jeté des crevettes vivantes dans de l'eau bouillante. Que s'est-il passé ? L'appareil de mesure a enregistré une réaction de la plante. Cela n'est en fait possible que s'il n'existe pas de séparation entre la plante et les crevettes, s'il y a communication.

Cette idée confirme aussi l'idée que tout est UN. Elle confirme aussi l'affirmation : « Ce que tu fais au plus petit d'entre nous, c'est à moi-même que tu le fais. » Il existe un sport martial basé sur l'idée d'unité : l'aïkido. Du fait que ce sport est basé sur l'idée de l'unité il ne connaît ni gagnants ni perdants ; c'est pourquoi l'aïkido n'est pas présent dans les championnats du monde ou dans les Jeux olympiques. Mais observons une chose étonnante : aucun autre adepte de sport de combat ne peut vaincre un aïkidoka. Un vrai aïkidoka est imbattable et invincible. Cela découle directement de l'idée de pouvoir et d'unité.

Le Principe LOL^2A vous montre comment devenir un « aïkidoka » invincible dans votre propre vie.

Tout est UN – les conséquences pour votre vie en sont inimaginables.

2.4 La communication totale

L'axiome « tout est UN » implique la communication totale, un fait que nous allons aborder à présent.

En littérature et dans les séminaires, on parle beaucoup de communication. Il existe une quantité de formations aux techniques de communication, de présentation, de communication de vente, de rhétorique, etc. Mais toutes ces techniques ne s'occupent que de la petite partie visible de l'iceberg : la communication consciente. La communication inconsciente, bien plus vaste et puissante, est plus rarement abordée.

Si nous prenons au sérieux les principes « tout est vibration » et « tout est un », alors il existe dans l'univers une communication totale, que nous le voulions ou non. Personne n'est isolé, personne ne peut s'isoler. Pour chaque être humain – mais en particulier pour les managers et les vendeurs, cela revêt des conséquences dramatiques. Le Principe LOL²A en tire pleinement parti. Sans cette compréhension de la communication totale, beaucoup de problèmes n'ont pas de solution. Imaginez : **vous communiquez avec tout dans l'univers et l'univers communique avec vous**. Reste à savoir si vous écoutez.

Pour les physiciens nucléaires, c'est apparemment évident. Citons à ce sujet J.-É. Charon : « Dans notre société soi-disant civilisée, qui est encore capable de comprendre le langage des pierres et des arbres ? »

Pour un physicien nucléaire, il est donc clair que les pierres et les arbres savent parler, que l'univers entier « parle ». Vous et moi faisant partie de cet univers, nous faisons intégralement partie de cette communication totale.

Vous allez maintenant me demander : « En quoi cela peut-il m'aider à payer mes hypothèques ? En quoi cela peut-il m'aider à perdre du poids ? Comment cela va-t-il m'aider à sauver mon mariage ? Et comment cela va-t-il me permettre d'augmenter mon chiffre d'affaires ? »

Ça aide, plus que vous ne le pensez. Puisque tout est UN, il n'y a pas de distance entre vous et vos amis, entre vous et vos clients, entre vous et votre banque. Il n'y a pas de distance. Quoi que vous pensiez, vous le communiquez immédiatement à la personne concernée, qu'elle soit présente ou pas. Que vous le vouliez ou non, vous influencez le monde avec vos pensées. Et si vous voulez résoudre vos problèmes et atteindre vos buts, vous devez en toute logique influencer le monde dans un sens positif. En décrivant le Principe LOL^{2}A, j'aborderai ce point plus en détail.

3. Conséquence : les problèmes peuvent être résolus

J'ai l'intime conviction que nous ne pouvons résoudre nos problèmes que si nous prenons au sérieux les idées présentées dans cette deuxième partie et que nous soyons conséquents. Si nous agissons ainsi, non seulement nous résoudrons nos problèmes d'une manière économique, mais nous pourrons aussi atteindre nos buts plus rapidement et avec moins d'efforts qu'auparavant.

Il y a des gens qui pensent que les problèmes/conflits ne peuvent pas être résolus. Ces gens sont dans le vrai pour deux raisons : premièrement, le monde est ce que j'en pense (chapitre 2.2) ; deuxièmement, beaucoup de problèmes ne peuvent pas trouver une solution avec une pensée conventionnelle.

Pour ma part, j'estime que tout problème peut être résolu. Moi aussi, j'ai deux raisons pour le croire : premièrement, parce que le monde est ce que j'en pense et, deuxièmement, parce que je suggère une pensée radicalement différente. « Il n'existe aucune forme de réalité plus puissante, stimulante et merveilleuse que l'esprit humain », écrivait Mohammad Iqbal, guide spirituel de dizaines de millions de musulmans. Alors pourquoi l'être humain ne pourrait-il pas résoudre ses problèmes ?

Résumons les principes qui à mon sens devraient être considérés :

1. Chaque personne devrait commencer par changer elle-même. Cessons d'intervenir dans les affaires des autres.

2. Chaque être humain est doté du libre arbitre. Il peut penser ce qu'il veut. Il peut changer ses pensées à tout instant – et ainsi modifier son avenir.

3. Le potentiel de l'être humain n'est pas limité, mais illimité. S'il veut résoudre ses problèmes de manière optimale et atteindre ses buts plus rapidement, il doit mettre en œuvre tout ce potentiel.

4. Tout est vibration/énergie. En conséquence, tout est transformable selon vos désirs.

5. Il n'existe pas de monde objectif. Le monde est ce que j'en pense. Cela donne à chaque être humain un pouvoir incroyable. Il peut changer le monde avec ses pensées...

6. Tout est UN. Les conséquences en sont inimaginables ; elles conduisent à l'élimination des conflits et ainsi à un comportement des plus économiques. Cela veut dire que les objectifs sont atteints et les problèmes résolus beaucoup plus rapidement.

7. Nous devons nous libérer du système de pensée « l'un ou l'autre », générateur de conflits et de limitations, pour adopter un mode de pensée « l'un aussi bien que l'autre ». Cela signifie que nous devons cesser de juger la vie.

Mais avant tout nous devons dépasser les limites que nous nous sommes nous-mêmes imposées et nos systèmes de croyance conventionnels. Sinon rien n'est possible.

Chaque individu possède en lui le pouvoir de triompher de toute circonstance. L'être humain n'est bien entendu pas né pour gagner son pain quotidien à la sueur de son front ou en combattant son prochain. Il est né pour s'épanouir et vaincre, pour être heureux et réussir. La pauvreté, la maladie et la malchance ne sont pas des états désirables pour l'homme.

L'univers est abondance, santé et bonheur.

Le principe LOL²A que je vais décrire dans la troisième partie de ce livre se base sur toutes les idées exposées dans la deuxième partie et permet de dépasser toutes les limites humaines décrites dans la première partie. Bien utilisé, il apporte un pouvoir inimaginable à l'être humain.

Troisième partie

La puissance du Principe LOL^2A

Le Savoir peut se communiquer,
mais pas la Sagesse.

Hermann Hesse, *Siddhartha*

Le Principe LOL^2A comporte trois parties. LO pour Lâcher Prise (en allemand, *Loslassen*), L pour Amour (en allemand *Liebe*) et A pour Action = Réaction. Je commencerai par la description de la loi action = réaction, car elle constitue la base des deux autres parties. À mon avis, sans une parfaite compréhension de ce que j'entends par action = réaction, les thèmes du lâcher prise et de l'amour ne peuvent pas être pleinement compris.

Dans le mot LOL^2A, le L^2 signifie qu'avec davantage d'amour la performance d'un individu n'augmente pas de façon linéaire, mais au carré. Vous pouvez aussi considérer le mot LOL^2A comme une formule : Lâcher Prise x $Amour^2$ x A (A étant égal à 1, car Action = Réaction est une loi neutre). Cette formule vous permet de mesurer la performance d'une personne. Cette formule correspond exactement à la loi d'Ohm, si importante en électricité. Si le voltage (= énergie = amour) augmente, alors la performance augmente au carré. Vous pouvez aussi considérer la question sous cet angle : les mêmes lois sont valables pour le courant du flux de la vie que pour le courant électrique.

1. Action = Réaction

Rien n'est l'œuvre des démons, car il n'y a pas de démons. Chacun peut être magicien et atteindre son but, s'il sait réfléchir, s'il sait attendre, s'il sait jeûner.

Hermann Hesse, *Siddhartha*

1.1 Une leçon de physique : le fonctionnement de notre processus de pensée

Nous connaissons la loi action = réaction de la physique. Elle signifie simplement que, si j'exerce une pression de 10 kilos contre un mur, le mur me résiste avec la même force. Dans ce chapitre, il est question d'appliquer cette loi à notre pensée.

En d'autres termes, nous nous intéressons aux conséquences de notre pensée.

Tout d'abord, qu'est-ce qu'une pensée ?

Tout étant vibration, c'est-à-dire énergie, la pensée est aussi vibration, c'est-à-dire énergie. Une pensée n'est donc pas rien. Une pensée n'est pas non plus quelque chose qui se produit uniquement dans le corps. L'être humain est un émetteur parfait ; il émet constamment des pensées. Chaque pensée correspond à une certaine vibration et donc à un certain potentiel d'énergie qui part de l'être humain – l'émetteur. Ainsi nous pouvons dire que les pensées sont des corps énergétiques. Il est très important de pouvoir l'imaginer. Chacune de nos pensées est un corps énergétique. Les effets sont bien sûr différents en fonction du potentiel énergétique. Il existe des pensées fortes et des pensées faibles. Tout le reste étant aussi vibration, nous pouvons tout influencer avec nos pensées.

Chaque pensée possède un potentiel énergétique et a tendance à se réaliser ; bien entendu cette tendance est d'autant plus grande que le potentiel énergétique de ladite pensée est important.

Plus vos pensées sont puissantes, plus il y a des chances qu'elles se réalisent. Par exemple, la joie et l'enthousiasme sont des pensées pleines de pouvoir, conduisant à des résultats équivalents. Une pensée constamment axée sur la joie et l'enthousiasme n'est pas qu'un faire-valoir ; elle possède un fond physique très solide et concret. Il s'agit d'énergies qui, dans la vie de la personne concernée, conduisent à des résultats positifs avec une certitude mathématique. Toutefois, n'oublions pas que des pensées de crainte sont également très puissantes et qu'elles aussi ont tendance à se réaliser avec une certitude mathématique. Pour cette raison, les pensées de crainte ne sont pas avantageuses.

Faisons maintenant un pas de plus.

Des pensées similaires possèdent des vibrations similaires ; elles s'attirent donc entre elles. Cela débouche sur des amas de pensées qui bien sûr disposent d'un potentiel d'énergie plus grand qu'une pensée unique. Les conséquences qui en résultent pour une entreprise, un peuple ou l'humanité, sont décisives. Imaginons la chose suivante : une entreprise a 1 000 employés. Chacun de ces employés pense à quelque chose du matin au soir. La nature des pensées de chacun a donc des conséquences capitales sur la réussite de cette entreprise. Additionnées, les pensées de tous ces employés représentent un potentiel énergétique énorme. Si celui-ci penche vers le positif, des résultats positifs en découlent. Mais s'il penche vers le négatif, il en découle des résultats négatifs. La direction peut faire ce qu'elle veut, si la majorité des employés pense de manière négative, il n'y a aucune chance de parvenir au succès. Une entreprise peut véritablement être pensée vers le succès ou vers l'échec ; et cela, non seulement à partir des pensées de la direction, mais aussi à partir des pensées de l'ensemble des employés. C'est de la physique pure. Il s'agit d'énergies qui tendent à se matérialiser. En définitive, la gestion d'une entreprise n'est rien d'autre qu'une gestion d'énergie.

La chute du mur de Berlin illustre à merveille ce qu'un potentiel d'énergie suffisant peut produire. Un tel événement n'est certainement pas une coïncidence. Le Mur est tombé au moment même où la somme des pensées de liberté a dépassé la somme des pensées d'emprisonnement. Tout cela est une question d'énergie.

Alors, posez-vous sérieusement la question : quelles sortes d'énergies produisez-vous du matin au soir ? Vous disposez du libre arbitre : vous pouvez penser ce que vous voulez, et vos pensées détermineront l'énergie que vous émettrez. Quel genre d'énergie voulez-vous émettre dans votre vie ? Des énergies de peur ? Des énergies d'amour ? Considérez ces questions : elles ont des conséquences dans votre vie.

Faisons encore un pas de plus.

La physique nous apprend qu'aucune énergie ne se perd. C'est aussi valable pour le domaine spirituel qui nous intéresse ici. Si aucune énergie ne se perd, cela signifie qu'**aucune pensée ne se perd !**

Quoi que vous pensiez à présent, quoi que vous ayez pensé et quoi que vous pensiez à l'avenir, rien ne se perd. Que pensez-vous ? Avec chaque pensée, vous produisez des énergies qui ne disparaissent jamais. Et ces énergies ont tendance à se réaliser.

Maintenant, il est crucial de ne pas perdre de vue la chose suivante : quoi que vous ayez pensé jusqu'à ce jour, vous ne pouvez plus le changer. Mais vous pouvez changer votre pensée maintenant – avec ce don merveilleux qu'est le libre arbitre. En changeant votre pensée, vous produisez **maintenant et pour les instants suivants** d'autres vibrations, d'autres énergies et en conséquence, un autre avenir. Vous ne pouvez pas changer le passé, mais vous pouvez changer votre pensée **maintenant** – si vous le voulez.

Faisons encore un pas de plus.

Nous arrivons maintenant à la loi qui donne son nom au chapitre : action = réaction. Cette loi signifie que **chaque pensée revient à son émetteur.**

> Vous émettez des pensées. C'est l'action. Ce qui vous revient, c'est la réaction. Imaginez : **tout ce que vous pensez vous revient !** C'est génial et – en rapport avec le libre arbitre – cette loi représente la plus grande justice de l'univers. Je ne peux pas en concevoir une qui soit plus juste que celle-là. Quoi que vous pensiez, cela vous revient.

Les conséquences de ce phénomène sont si importantes que nous devons les observer de plus près.

Supposons que vous critiquiez une personne. Cette loi ne signifie pas que vous soyez critiqué par cette même personne. Elle signifie que de n'importe où des pensées de même qualité vous reviendront. Peut-être recevrez-vous des critiques d'autres personnes ; peut-être aurez-vous des problèmes de santé ou – comme dans mon cas – peut-être serez-vous licencié. C'est ainsi que j'ai appris la loi action = réaction. Après mes études, j'ai occupé un poste d'assistant de direction dans une entreprise moyenne. Évidemment je me croyais supérieur à mon patron. Après tout j'avais fait des études, ce qui n'était pas son cas. À mon avis, il faisait tout de travers. Je le critiquais sans arrêt. J'ai même commencé à le haïr, et en pensée, je l'ai tué plus d'une fois. Et puis – le coup d'éclat : et je me suis retrouvé du jour au lendemain à la rue. Heureusement je n'ai pas adopté l'attitude si courante de certains chômeurs d'aujourd'hui. Je n'ai accusé ni mon patron ni la récession, mais j'ai cherché en moi-même. J'ai pris l'entière responsabilité de ma situation, ce qui m'a permis de découvrir rapidement les énergies négatives que j'avais émises. Ces énergies me sont revenues avec toute leur brutalité et leurs conséquences. Voilà ce que j'appelle la justice.

Mais ces lois vont beaucoup plus loin. Que se passe-t-il lorsque quelqu'un vous critique ou vous trahit ? Dans ce cas la personne en question – et non vous – doit assumer les conséquences de ses pensées et de ses actes. Vous rendez-vous compte à quel point tout cela est économique ? Vous n'avez même pas à bouger le petit doigt pour prendre votre revanche. L'univers est organisé de manière telle que chaque acte revient immanquablement à son auteur. Voilà pourquoi Jésus pouvait dire : « Si quelqu'un te frappe sur la joue gauche, tends-lui la joue droite. » Car lorsque vous rendez les coups, vous ne vous rendez pas service : tout finit toujours par vous revenir.

> La loi action = réaction est vraiment géniale. Il en résulte la conséquence suivante : la meilleure chose que vous puissiez faire à vous-même, c'est de souhaiter le meilleur à l'autre. Quoi que vous fassiez à l'autre, cela vous revient. Aussi étrange que cela paraisse : « le plus grand égoïste » est celui qui fait le plus de bien aux autres ! Par contre celui qui ne pense qu'à lui-même et n'apprécie pas les autres se fait le plus grand mal.

N'est-ce pas impressionnant ? Je suis toujours fasciné par la justice de cette loi.

Imaginez que la majorité des gens sache cela ! Nos problèmes seraient immédiatement résolus ; chacun ne souhaiterait plus que le meilleur à l'autre, sachant que cela lui reviendrait. Que les autres hommes connaissent ou non cette loi ne doit pas vous arrêter. C'est de votre vie qu'il s'agit. Ce qui compte, c'est que vos désirs se réalisent. Ce que les autres font, c'est leur problème, pas le vôtre.

Quelles expériences voulez-vous faire dans votre vie ? **Voulez-vous la santé, le bonheur, la richesse et le succès ?** Le mieux que vous ayez à faire alors, c'est de souhaiter tout cela à tous ceux que vous rencontrez – et même à ceux que vous ne rencontrez pas. **Au niveau de la pensée, la distance n'a aucune influence.** La physique le démontre clairement. Lorsque vous pensez du bien de M. Meyer, cela ne fait pas la moindre différence qu'il soit assis en face de vous ou en vacances à Hawaï. Au niveau de l'esprit, l'espace n'existe pas. Imaginez les conséquences que cela implique pour la solution – ou l'aggravation – des conflits, dans l'entreprise ou dans la famille. Imaginez les conséquences pour un vendeur. Ce qu'il pense de ses clients joue un rôle, même s'il se trouve loin d'eux.

Chacun peut faire l'expérience de cette force dans sa propre vie. Cela n'a rien à voir avec la foi ; c'est de la physique pure. Lorsque vous émettez une pensée, c'est comme si vous jetiez une pierre dans un lac. Des ondes se répandent. Et ces ondes reviennent inévitablement à l'endroit où la pierre a touché l'eau. C'est exactement la même chose avec nos pensées. Mais dans le domaine de l'esprit, il n'existe aucune résistance. En conséquence, les pensées reviennent avec la même énergie avec laquelle elles ont été envoyées. Faites donc attention à vos pensées !

Dans la pratique, nous pouvons observer encore une chose intéressante : si vous critiquez quelqu'un qui est lui-même un critiqueur, la réaction est plus longue à vous revenir. Mais si vous critiquez quelqu'un qui n'émet jamais une telle pensée, le retour est bien plus rapide. Plus d'une fois, j'ai entendu une personne critiquer quelqu'un qui venait d'être licencié, estimant que ce licenciement était mérité, que la personne était incapable. À chaque fois, il n'a pas fallu plus de six mois pour que le critiqueur se retrouve lui aussi au chômage. Dans certaines circonstances, cela peut aller très vite. Plus une personne est enracinée dans la matière, plus la réaction est longue à venir. Voilà la raison pour laquelle tant de gens parlent de hasard. Pour eux, ceci ou cela est un hasard. C'est une grande illusion. **Nous appelons « hasard » ce que nous ne savons pas expliquer.** Si nous avions une plus large vue des choses – comme à vol d'oiseau –, nous verrions tout à coup les rapports. Nous verrions immédiatement que ces événements soi-disant accidentels sont des réactions à des pensées eues dans le passé, mais que nous avons oubliées.

Parfois, la réaction peut arriver très rapidement ; dans ces cas-là, il est facile de faire la relation. Ma femme a eu une expérience de ce genre en allant un jour à Zurich avec une de ses connaissances. Dans le train, cette connaissance n'a pas arrêté de critiquer de gauche à droite. La tête de celui-ci ne lui convenait pas, l'habit de celle-là lui déplaisait... Au bout d'un moment, l'atmosphère était remplie de critiques. Arrivées à Zurich, elles se sont dirigées vers la Bahnhofstraße. Soudain un homme saoul s'est avancé vers elles. Arrivé à la hauteur de cette amie, l'homme lui cracha dessus. Vous pouvez imaginer la réaction de cette femme. Bien sûr elle était furieuse, fulminant contre ce monde pourri et corrompu. En réalité, il s'agissait simplement de la réaction à ses actions précédentes. Durant son voyage en train, elle avait continuellement « craché » des critiques. Elle a reçu matériellement l'exacte réplique de ses pensées vis-à-vis des autres. Ma femme ne pouvait absolument pas être la cible de cet homme. **Personne ne se fait cracher dessus accidentellement, personne ne se fait voler accidentellement, et personne ne se fait assassiner accidentellement.**

Dans l'univers, le hasard n'existe pas.

Le hasard n'existe pas, parce qu'il existe la loi de la justice absolue : action = réaction. Cette loi est sans faille. Cette loi n'a rien à voir avec la morale. Elle n'est ni bonne ni mauvaise. Elle est. Cela signifie qu'elle est « a-morale ». Cette loi était, est et sera toujours.

> Nous créons notre réalité avec nos pensées. Quoi que vous expérimentiez dans votre vie (souffriez, enduriez, supportiez...), vous en êtes l'auteur. **Donc vous pouvez tout changer.** Le visible est toujours une représentation de l'invisible. L'invisible, c'est vos pensées et vos sentiments.

Savez-vous ce qu'est le « Jugement dernier » ? Jugement dernier ne veut dire rien d'autre que tout récent, en ce moment précis ; tellement récent qu'il ne peut pas y en avoir de plus récent. Et en quoi consiste ce jugement qui se produit en ce moment ? Il consiste tout simplement dans le fait que vous devez réparer les pots cassés vous-même. Qui d'autre que vous-même aurait le droit de vous juger ? Le moment présent est le résultat de vos pensées antérieures.

Votre avenir dépend de ce que vous pensez **maintenant.** Que pensez-vous maintenant ? Dans votre propre intérêt comme dans celui des autres, ne pensez que le meilleur de vous-même et des autres.

Vous voyez, l'univers est organisé d'une façon infiniment simple. Si simple et si géniale qu'on ne découvre pas d'emblée cette sagesse bien qu'elle fasse partie de notre langage depuis longtemps. Qui ne connaît pas le dicton « On récolte ce que l'on sème » ? (Nous ne devons pas seulement interpréter cette phrase d'un point de vue matériel. On pourrait aussi dire : « Les pensées qu'on émet dans le monde nous reviennent. ») Les graines sont les pensées que nous semons infatigablement du matin au soir. La récolte, c'est ce qui nous revient ; la réaction à nos pensées. C'est aussi simple que cela.

Par conséquent, si votre récolte est mauvaise ou insatisfaisante, vous devez absolument vous demander à quoi pouvaient bien ressembler les graines de pensée que vous avez semées. Si vous sentez des frissons vous parcourir, car dans le passé vous n'avez pas toujours eu des pensées nobles, je vous rassure tout de suite. Vos pensées vous reviennent inévitablement, mais vous pouvez vous protéger des influences négatives. Dès l'instant où vous émettez des pensées constructives et positives, vous vous protégez. Ainsi vous transformez vos vibrations et amortissez les réactions des pensées qui vous reviennent. Si vous arriviez à transformer à l'instant même vos pensées en amour, le retour des pensées – aussi abominables soient-elles – ne pourrait plus vous affecter. L'amour a une vibration plus puissante que toute autre pensée.

Saviez-vous que Jésus connaissait aussi cette loi ? Bien sûr il ne parlait pas d'action et de réaction ; les gens de son époque n'auraient pas compris. Il s'exprimait ainsi : **« Ne jugez pas et vous ne serez pas jugés. »** Est-ce autre chose que la loi action = réaction ? Celui qui juge un autre (action) sera lui-même jugé (réaction). C'est une loi universelle. Elle fonctionne également dans le sens contraire. Celui qui fait du bien à autrui récoltera du bien.

Comment cette loi action = réaction affecte-t-elle le domaine des finances ? Quand il est question d'argent, on parle de « dépenses », (en allemand « dépense » se traduit par *Ausgabe* : « don vers l'extérieur »). Cela illustre un fait capital : une dépense représente un don ; un don que je fais à quelqu'un d'autre. Ce don, cette dépense est l'action. Les rentrées sont les réactions à cette dépense. « Enfoncez-vous ceci à jamais dans le crâne », s'il vous plaît, vos rentrées sont des réactions à vos dépenses. Sans don (dépense), pas de rentrée ! L'attitude mentale avec laquelle nous effectuons ces dépenses prend soudain une importance considérable. Si vous dépensez avec réticence, les rentrées seront réticentes. Si vous dépensez sans crainte, les rentrées seront généreuses. Hans C. Leu, l'hôtelier suisse au succès sans précédent, l'a exprimé à merveille (dans son hôtel *Giardino* à Ascona, il démontre chaque jour l'efficacité de cette loi) : « Ceux qui calculent les portions de beurre ne réussiront jamais. Pour chaque hôte, la générosité devrait être une vertu. » Action = Réaction. Si vous rechignez à dépenser votre argent, en pensant que vous vous faites rouler, alors ne vous étonnez pas d'avoir des rentrées mesquines. Que se passe-t-il en effet lorsque je trouve que « c'est trop cher » ? Je n'apprécie pas suffisamment l'effort d'un autre. Je pense que ce que j'ai acheté ne vaut pas le prix payé. De cette manière on crée la pauvreté !!! C'est inévitable. C'est ainsi qu'on a provoqué la récession. Celui qui pense que ce qu'il achète est trop cher perdra toujours au change – et ainsi il s'appauvrit. La raison profonde, c'est qu'il n'estime pas assez l'engagement de l'autre (action) et qu'en toute logique son engagement n'est pas non plus apprécié (réaction).

Par le même mécanisme, on peut créer la richesse. Celui qui achète un produit en trouvant son prix correct reconnaît et apprécie le travail d'un autre, de ce fait son propre travail sera également apprécié. Quand il estime justifié le prix de son achat, il lui attribue davantage de valeur. Ainsi il devient de plus en plus riche : il reçoit toujours plus que ce qu'il ne donne. Le prix du produit ne joue aucun rôle. Ce qui est important, c'est la conception que l'on a des mots « cher » ou « juste prix ». La pauvreté et la richesse se créent dans notre tête.

En France, le propriétaire d'une entreprise de peinture en bâtiment, qui est passée de 3 employés à 200 employés en dix ans, l'a formulé ainsi : « On doit d'abord donner si on veut recevoir. » Naturellement, il paie des salaires au-dessus du minimum et fait souvent des cadeaux.

La pire des choses qu'un individu ou une entreprise puisse faire dans le domaine des finances, c'est de trouver tout trop cher et de réduire au maximum les dépenses. Il ne s'agit de rien d'autre que de l'application de la loi simple action = réaction. S'il vous plaît, ne venez pas me dire qu'il s'agit d'une merveilleuse éthique ou d'un vœu pieu, mais qu'en fait la réalité est différente. Ceci n'est pas vrai. Cette loi n'a rien à voir avec l'éthique ou la morale. **Il n'y a pas de morale dans l'univers.** La nature ne connaît pas de morale. La morale est une construction de l'homme afin de dominer les autres. De quel droit l'individu juge-t-il d'autres êtres humains ? C'est en contradiction profonde avec la doctrine du christianisme. À mon avis, c'est une loi « dangereuse » pour ceux qui ne la connaissent pas. Voilà pourquoi je me suis retrouvé au chômage. Voilà pourquoi en quelques semaines un homme a perdu la moitié de sa vue : il ne voulait plus voir son beau-fils. Mais ceux qui connaissent cette loi voient s'ouvrir devant eux des possibilités infinies.

À nouveau je tiens à vous rappeler que cette loi est non seulement valable pour un individu, mais aussi pour une famille, une entreprise, un peuple et pour l'ensemble de l'humanité. La somme des pensées d'un peuple détermine sa destinée. Quant aux catastrophes, on peut les ranger dans deux catégories. Il y a des catastrophes qui résultent de changements dans la nature. Mais dans la plupart des cas, les catastrophes sont les résultats de la pensée humaine : les énergies se libèrent de cette façon. Ce genre de pensées a rendu la planète malade. Si nous entretenons des conflits en nous-mêmes, il est logique que le monde extérieur soit tissé de conflits. Mais nous ne devons pas nous énerver de cette situation – là les choses ne font qu'empirer – ; nous devons simplement changer nos pensées. Nos pensées sont à l'origine de tout. La pollution de l'environnement n'est pas le problème ; le vrai problème, ce sont nos pensées. Les plus grands pollueurs de cette planète sont de nature psychique, ce sont nos pensées. La pollution matérielle est le résultat de la pollution mentale.

Eh bien, attention à nos pensées !

L'objet sur lequel nous nous concentrons « augmente ».

Je tiens à attirer votre attention sur une autre conséquence de notre pensée, trop peu prise en considération. Si les pensées sont énergie, cela signifie que nous attribuons de l'énergie aux choses sur lesquelles nous nous concentrons. Vous êtes d'accord ? Tout est énergie, et grâce à nos pensées nous ajoutons davantage d'énergie. Les effets en sont étonnants.

Si nous nous concentrons sur nos faiblesses, elles « augmentent ».
Si nous nous concentrons sur la maladie, elle « augmente ».
Si nous nous concentrons sur la concurrence, elle « augmente ».
Si nous nous concentrons sur le manque d'argent, il « augmente ».
Si nous nous concentrons sur les problèmes de la drogue, ils « augmentent ».

Mais bien sûr les cas suivants sont aussi possibles :

Si nous nous concentrons sur la santé, elle « augmente ».

Si nous nous concentrons sur la paix, elle « augmente ».

Sur quoi vous concentrez-vous ?

Voici un exemple : dans une petite gare près de chez moi, un homme s'est fait agresser et tabasser. L'histoire est parue, photos à l'appui, à la une du journal local. Lorsque l'on connaît un peu les principes universels on devine les conséquences de ce reportage. Des milliers de gens se sont précipités sur cet article, ont été scandalisés d'apprendre ce qui s'était passé à leurs portes et ont ainsi donné de l'énergie à cette agression. C'est comme si vous jetiez de l'huile sur le feu. Suite à cet événement et à la publicité qui lui a été faite, le taux d'agression dans le monde a augmenté. Cela signifie que le danger d'agressions ultérieures s'est accru. Est-ce vraiment ce que nous désirons ? Je pense que nous ne savons pas ce que nous faisons – ce que nous produisons avec nos pensées. Nos pensées ont des conséquences beaucoup plus importantes que nous ne l'imaginons. Mais revenons simplement aux faits de notre histoire. Nous devons alors reconnaître que des milliers de gens passent chaque jour dans cette gare sans subir d'agression. Voilà les faits. Pourtant, il semble que personne ne s'en réjouisse et ainsi, malheureusement, nous n'y attribuons aucune énergie. Alors que si **un** événement négatif survient, nous crions au scandale et nous lui attribuons une quantité d'énergie énorme, encourageant l'arrivée d'événements négatifs.

Il y a quelque temps, un présentateur de la télévision suisse regrettait l'augmentation des cas de toxicomanie, malgré les millions de francs investis dans la lutte antidrogue. Il est normal que le problème de la drogue se soit amplifié. Il ne peut pas en être autrement, car avec cette campagne antidrogue on n'a fait qu'ajouter de l'énergie à ce problème. De cette manière ni les problèmes de la drogue, ni aucun autre problème ne peuvent être résolus. Aucune personne un tant soit peu raisonnable n'aurait l'idée d'éteindre un incendie en y ajoutant davantage d'oxygène. Mais c'est exactement ce que nous faisons avec nos problèmes privés comme avec nos problèmes sociaux.

Ce mécanisme est aussi valable pour le sport. Un sportif qui se concentre trop sur ses faiblesses n'accomplira jamais de performances extraordinaires. Un sportif devient vraiment extraordinaire lorsqu'il se réjouit de ses points forts. Celui qui ne se préoccupe pas de ses points faibles ne pratique pas la politique de l'autruche, mais il applique une loi spirituelle fondamentale : il ne donne ni pouvoir ni énergie à ses points faibles ; ainsi ceux-ci diminuent de plus en plus. Les points faibles ne diminuent pas quand on se concentre sur eux, mais lorsqu'on se concentre sur les points forts.

Mais que font tant d'individus et d'entreprises ? Ils se font analyser afin de découvrir leurs faiblesses. Ils pensent pouvoir les dominer ainsi. Or ça ne marche ou pas du tout ou au prix d'un terrible effort, ce qui est loin d'être économique. En nous concentrant sur nos faiblesses, nous leur apportons davantage d'énergie : c'est exactement ce que nous voulons éviter.

Les lois fondamentales de la vie sont immuables, incorruptibles et omniprésentes. Il n'existe donc qu'un seul sujet raisonnable et logique qui mérite toute notre attention :

Quelle que soit votre vie actuelle, concentrez-vous seulement sur les événements positifs : de cette façon ils grandiront. C'est aussi sûr que le lever du soleil chaque matin. Même si vous traversez la période la plus malchanceuse de votre vie, vous trouverez toujours de quoi vous réjouir.

1.2 Qu'est-ce que le monde ? La clé du pouvoir humain

J'aborderai ce sujet assez brièvement, car il a déjà été amplement traité dans le chapitre « Il n'existe pas de monde objectif ».

Qu'est-ce que le monde ?
Le monde est ce que vous pensez de lui.

Cette phrase vous donne un pouvoir inimaginable. Là encore nous retrouvons la loi action = réaction.

Mais dans votre vie, qu'est-ce que cela peut signifier ?

Cela signifie que ce qui est vrai pour vous est ce que vous pensez être la vérité. Prenons deux exemples : vous avez deux vendeurs. L'un d'eux dit : « Nos prix sont trop élevés. » L'autre dit : « Nos prix sont corrects. » Lequel des deux a raison ? Les deux ont raison, parce qu'il n'existe pas de vérité objective. Chaque personne possède sa propre vérité. C'est le seul point de départ solide pour toute discussion sérieuse. Si avec ces deux vendeurs vous vous lancez dans une discussion fondée sur l'idée de « vrai » ou « pas vrai », cela ne mènera à rien – sinon au conflit. Vous avez raison, l'autre a tort. Ce qui est fâcheux dans toute l'histoire, c'est que l'autre ressente exactement le contraire. Mais si vous partez du point de vue que chacun d'eux possède sa propre « vérité », alors on peut arriver à une discussion constructive. Vous pouvez alors essayer de comprendre pourquoi l'un des vendeurs pense que les prix sont trop élevés ; et surtout, vous pouvez lui expliquer le tort qu'il se fait à lui-même. Étant donné qu'il pense avoir raison, il a raison ; pour lui les prix sont trop élevés, en conséquence il vendra moins bien. Cela ne correspond certainement pas à ses objectifs.

Il y a quelques années, je travaillais pour une entreprise informatique qui employait une trentaine de vendeurs. À Munich, l'un de ces employés vendait régulièrement deux fois plus que la moyenne de tous les autres vendeurs. La raison en était très simple. Les objectifs de vente étaient toujours fixés en fin d'année pour l'année suivante ; ils avoisinaient le million de francs suisses par vendeur. Ce qui était décisif pour le chiffre d'affaires de l'entreprise, c'était ce que chaque vendeur pensait de ces objectifs de vente. La majorité des vendeurs pensait : « Ce sera difficile, mais je vais essayer. » Évidemment, le meilleur vendeur pensait quelque chose de tout à fait différent. Il pensait : « Un million pour l'année ? C'est rien pour moi. Je fais au moins deux millions. » Et d'année en année, la même chose se répétait. Les vendeurs moyens avaient raison : c'était difficile, certains dépassaient de peu les prévisions, d'autres étaient juste en dessous. Le meilleur vendeur aussi avait raison : c'était possible.

C'est ainsi : le monde est ce que vous en pensez. Le marché est ce que vous en pensez. Vos clients sont ce que vous pensez d'eux. **Vous êtes ce que vous pensez être.** Cela signifie pouvoir, pouvoir et encore pouvoir.

Voilà un exemple qui illustre ce principe à merveille : les faits se sont produits dans notre voisinage. Une maison individuelle a été cambriolée, malgré le chien de garde. Voici le cheminement de pensée :

Premièrement, les habitants de cette villa craignaient d'être cambriolés. Ceci, c'est l'action (la pensée, le sentiment).

Deuxièmement, puisque ces gens craignaient d'être cambriolés, ils ont acheté un chien de garde. Le chien de garde est le signe extérieur de cette crainte.

Troisièmement, la maison est cambriolée. C'est la réaction.

Quatrièmement, les habitants ont vu leurs craintes confirmées. On les entendrait presque dire : « Vous voyez, j'avais raison. Nous vivons dans un monde horrible. Nos peurs étaient fondées, nous avons eu raison d'acheter ce chien de garde. À l'avenir, il faudra être encore plus méfiant. »

Le monde est ce que je pense de lui. J'en reçois chaque jour la confirmation. J'appelle ce mécanisme **« la roue de la justice ».** Chacun a toujours raison. C'est ce qui est fascinant là-dedans. Ça aussi, Jésus le savait. Il a dit : **« Il sera fait selon votre foi. »** Et c'est ainsi. Si vous pensez vivre dans un monde hostile et rempli de voleurs, alors « il sera fait selon votre foi ». Si vous pensez vivre dans un monde harmonieux où aucun mal ne peut vous arriver, alors « il sera fait selon votre foi ». Chaque chrétien connaît cela, n'est-ce pas ?

Là encore nous retrouvons simplement notre loi action = réaction.

Je ne saurais trop vous le recommander : changez vos pensées à propos d'une personne ou d'une situation particulière, et observez ce qui se passe. Mais s'il vous plaît, accordez-vous un peu de temps. Si pendant des années vous pensiez que Durand est un imbécile, vous ne pourrez pas espérer que ce dernier se transforme sur-le-champ parce que vous avez changé vos pensées il y a vingt-quatre heures. Changez vos pensées – et maintenez les nouvelles pensées quoi qu'il arrive. Vous serez témoin de miracles. La raison en est claire, simple et logique :

Le monde est ce que vous en pensez. Et : tout est **UN**.

Comme nous l'avons vu, il n'existe pas de séparation entre vous et Durand.

Vous êtes Durand, et Durand est vous. En conséquence, Durand se transforme lorsque vous vous êtes transformé. Ça ne peut pas marcher autrement.

Et si vous estimez que cela ne tient pas debout et que Durand ne change jamais, eh bien, vous avez raison. Vous avez raison, parce que le monde est ce que vous en pensez. Et quand vous pensez que Durand ne changera jamais, eh bien, Durand ne changera jamais. Il ne peut pas en être autrement.

En fait, vous êtes un être tout-puissant !

Vous avez seulement appliqué la loi action = réaction. Vous l'appliquez chaque jour, chaque heure, chaque minute, chaque seconde, que vous le vouliez ou pas. De même que vous êtes soumis à la loi de la gravitation, que vous le vouliez ou pas.

Si vous avez des enfants, posez-vous donc la question suivante : « Quel est le meilleur conseil que je puisse donner à mes enfants, par exemple à la veille d'un examen ? » Vous connaissez à présent la loi action = réaction. Alors, quelle recommandation faites-vous à vos enfants ? Recommandez à vos enfants de penser : « Je sais. » Cela ne coûte pas plus d'énergie que de penser : « Je ne sais pas », pourtant cela rapporte beaucoup plus.

C'est l'ouverture totale à l'intelligence universelle, une intelligence qui sommeille en chaque être humain. La pensée « Je ne sais pas » condamne l'accès à l'intelligence universelle. Le monde est ce que j'en pense, il est donc plus sensé de penser « je sais » que de penser « je ne sais pas ». Essayez !

1.3 L'autoresponsabilité totale : adieu hasard

En considérant les réflexions précédentes, vous ne pouvez arriver qu'à une seule conclusion : **vous êtes responsable de tout ce qui vous arrive.** Mais veuillez bien prêter une attention particulière à la seconde partie de cette phrase. Vous n'êtes pas seulement responsable de ce que vous faites, ce qui n'est rien de bien spécial. Vous êtes responsable **de tout ce qui vous arrive,** car vous êtes responsable de vos pensées. Et ce que vous pensez est décisif pour votre vie.

Ne donnez jamais à d'autres du pouvoir sur vous-même en disant « il ou elle est responsable, et je suis la victime ».

Il n'y a pas de victimes dans l'univers.
Il n'y a pas de hasard dans l'univers.

De nombreux scientifiques sont parvenus à cette connaissance. Imaginez : la chance d'aboutir à la production de l'enzyme vitale cytochrome C, une chaîne moléculaire composée de 104 acides aminés, était de 1 sur 10^{130}. Avec la meilleure volonté, cette enzyme n'aurait pas pu être créée par « hasard ». Pourquoi ? Regardez : les scientifiques ont calculé que depuis le Big Bang – le début de l'univers – il ne s'est écoulé que 10^{17} secondes. Même si depuis le Big Bang on avait lancé les dés chaque seconde, cette enzyme n'aurait pas pu être créée par hasard : on n'aurait simplement pas eu assez de temps.

« Malgré cela, de nombreux scientifiques s'accrochent toujours à leur Bon Dieu Hasard » – avec une étroitesse d'esprit qui possède toutes les caractéristiques de la crispation mentale. » Cette phrase est tirée du livre *Nada Brahma, le monde est son,* de J.-E. Berendt.

Vous connaissez probablement la fameuse phrase d'Einstein : « Je ne croirai jamais que Dieu joue aux dés avec l'univers. »

Dans *Le principe chaos,* Paul Davies fait aussi une remarque très intéressante : « Comment pouvons-nous être sûrs que tirer à pile ou face ou jeter les dés donnent des résultats dus au hasard ? Les esprits sont fort divisés à ce sujet. Nous devrions être un peu plus prudents avec l'acception "hasard". »

Avec votre vie non plus personne ne joue aux dés – à une exception près : vous-même. Quoi qu'il arrive dans votre vie, ce n'est pas un hasard. Le hasard est en contradiction totale avec toutes les lois fondamentales de la vie. De plus, si l'on partait de l'idée que l'univers est bâti sur le hasard, on ne pourrait avoir qu'une confiance très limitée envers le créateur dudit univers. Un monde où le hasard prédominerait serait bien triste.

Nous sommes tellement limités dans notre pensée que nous ignorons simplement toutes les causes, aussi nous bornons-nous à dire : « C'est le fruit du hasard. » En 1908 déjà, le scientifique Henri Poincaré le formulait ainsi : « Une cause, négligeable en apparence, entraîne un effet tel que nous ne pouvons pas l'ignorer ; nous disons alors que cet effet est le fruit du hasard. »

L'effet important peut être un accident. Nous disons par exemple qu'une voiture est entrée en collision avec la nôtre par hasard. Mais personne ne parle de la cause négligeable. Cette dernière résulte d'une façon de penser datant peut-être d'un certain temps et dont nous ne nous souvenons plus. Limités, nous parlons alors de « hasard » – seulement parce que nous ignorons les lois universelles. Nous observons les choses à partir d'une perspective à ras de terre et non d'une perspective aérienne. De là, nous verrions soudain des liens que nous sommes incapables de découvrir depuis en bas.

Il est temps de discuter d'un point important. À force de donner des séminaires, je commence à connaître le genre de questions qui passent par la tête des gens quand j'aborde ces sujets. Lorsque je dis : « Le hasard n'existe pas », cela signifie aussi que je ne suis pas né accidentellement, que ce n'est pas le hasard qui m'a uni aux parents que j'ai. Voilà ce que cela veut dire !

Comprenez bien qu'ici nous ne parlons pas de systèmes inventés par les hommes ; nous parlons de lois universelles. Cela veut dire : soit le hasard existe, soit il n'existe pas. Mais nous, les hommes, ne pouvons pas décider au gré de nos humeurs et de nos désirs de ce qui est hasard et de ce qui ne l'est pas. Sinon il ne s'agirait pas d'un principe universel. L'univers est si merveilleusement organisé qu'il ne peut y avoir de place pour le hasard. Il n'y a pas d'injustice dans l'univers. Essayez d'imaginer l'énorme injustice d'un monde dans lequel les individus naîtraient par hasard. Cette injustice serait tellement grande qu'elle serait insupportable. Et ceci serait une bien pauvre expression de l'intelligence universelle qui est agent de toute chose. Je vous rappelle qu'il y a eu des gens qui n'ont pas pu supporter cet état et ont préféré se suicider.

Apparemment, ces gens ont tiré les conséquences du hasard jusqu'au bout. J'ai un grand respect pour eux.

Mais ce n'est ni mon expérience ni mon enseignement. Le hasard n'existe pas, même en ce qui concerne la naissance. Ce serait vraiment le comble si nous étions parachutés dans un endroit quelconque. Cela n'aurait pas de sens. Pour que toute cette histoire ait un sens nous devons nous intéresser à la réincarnation – comme le font des millions d'êtres humains, et comme le faisaient les premiers chrétiens. Dans le bouddhisme, on appelle cela « la roue des incarnations ». Le but d'un bouddhiste est de briser la roue des incarnations afin de ne plus renaître dans la chair.

Selon de nombreux enseignements, l'être humain est composé d'un corps, d'une âme et d'un esprit. S'il en est ainsi, on peut penser – suivant la loi des analogies – que le monde lui aussi doit être bâti de cette manière. Cela signifie qu'il existe un monde matériel que nous voyons tous ; qu'il existe un monde astral (l'âme de l'être humain est souvent appelé corps astral) que nous ne voyons pas ; et qu'il existe un monde spirituel que nous ne percevons pas non plus avec nos sens matériels. L'être humain circule entre le monde matériel et les mondes spirituels. Ce qui est considéré comme la mort dans notre monde est perçu comme une naissance dans le monde astral. Ce qui nous semble une naissance est vu comme une mort depuis le monde astral. À un certain moment, nous quittons le corps matériel, et à un autre moment, nous intégrons un nouveau corps matériel. Ainsi il est clair que la mort n'existe pas. Croire que la vie peut être anéantie relèverait de l'étroitesse d'esprit. **La vie ne peut pas, jamais ! être anéantie.** Jésus le savait aussi quand il disait : **« Mort, où est ton aiguillon ? »** Il n'y a pas de mort ; il n'y a qu'une chose : la vie.

Celui qui arrive dans ce monde matériel doit accomplir certaines tâches. Pour accomplir ces tâches, il a besoin de certaines conditions. Ces conditions, il les crée lui-même en choisissant ses parents. À travers le choix des parents, il a en même temps choisi la race, la couleur de sa peau, la région, la nation. Rien de tout cela ne s'est fait par hasard.

Si le principe du libre arbitre a la moindre valeur, alors il doit s'appliquer au choix des parents, ce qui a des conséquences très importantes. Les enfants ne sont pas des petits êtres peu évolués. Ils sont probablement bien plus avancés que leurs parents. Ces derniers ne sont pas toujours là pour leurs enfants, mais bien souvent les enfants sont là afin que les parents apprennent quelque chose de précis.

Il y a quelque temps, j'ai entendu l'histoire suivante : une femme a mis au monde un enfant handicapé. La malformation dont il souffre est la conséquence du syndrôme alcoolique fœtal. Sa mère buvait une bouteille de vodka par jour pendant les deux premiers mois de la grossesse – elle ignorait qu'elle était enceinte. Quand elle l'a appris, elle a immédiatement cessé de boire. Mais pour l'enfant il était déjà trop tard. Bien sûr, lorsqu'elle a découvert ce qu'elle avait fait, la mère en a eu le cœur brisé. Comment voulez-vous raisonnablement expliquer de tels phénomènes sans recourir à la réincarnation ou a l'idée du libre choix des parents ? C'est impossible.

Mais avec la réincarnation, c'est relativement facile. Cet enfant a choisi sa mère tout consciemment. Pourquoi ? Mais tout simplement parce que cet enfant désirait aider sa mère. Et le succès ne s'est pas fait attendre. La mère ne boit plus. Ainsi « l'enfant » – qui en réalité n'est pas un enfant – a choisi de naître dans un corps difforme. Un tel acte est le fruit du libre arbitre et de l'amour sans limites de l'enfant pour sa mère. L'enfant était prêt à vivre cette expérience. Évidemment, il savait que la mort n'existe pas et que, mesurée à l'éternité, cette vie est relativement courte.

À cet égard, je souhaite attirer votre attention sur un fait important. Une âme peut attendre jusqu'à douze mois avant de s'incarner définitivement dans le corps d'un nouveau-né. Elle peut aussi refuser d'accepter cette vie, ce qui se traduira par la mort du bébé. Beaucoup ont entendu parler de la mort subite du nourrisson – un phénomène que la médecine traditionnelle n'arrive pas à expliquer. Une cause médicale n'est pas nécessaire, l'âme a simplement décidé de ne pas habiter ce corps, en usant de son libre arbitre. Il est aussi possible qu'après un accouchement avec les fers le cerveau du bébé soit grièvement blessé. Si le désir de l'âme en question n'était pas d'habiter un corps au cerveau lésé, alors le nourrisson mourra.

Je dois ajouter encore autre chose : la loi action = réaction a bien entendu une valeur universelle ; ce qui signifie : au-delà de la « mort ». La réaction à une action peut se produire dans une vie ultérieure. Une telle solution paraît la plus probable dans les cas où une action particulière (un meurtre par exemple) conduirait à une réaction que l'âme en question ne serait pas capable de supporter dans la vie présente. Pour la loi action = réaction, la « mort » n'est pas un obstacle. **La mort n'est jamais un obstacle.**

Celui qui en a conscience n'aura jamais l'idée d'accuser ses parents de l'avoir mal éduqué. Cette excuse, non plus, n'a aucune valeur. « J'ai tué Dupond, désolé, mais j'ai eu une enfance difficile. » Cette excuse rejette la responsabilité d'un acte sur les parents, ce qui contredit complètement les lois universelles. Chacun a l'entière responsabilité de ce qu'il fait, de ce qu'il pense et de ce qui lui arrive.

Cela donne à l'être humain – c'est-à-dire à vous – un immense pouvoir. Mais cela vous donne aussi la possibilité de céder ce pouvoir à vos parents ou à quelque mystérieux destin.

Jiddu Krishnamurti, un grand penseur de notre siècle, l'a résumé ainsi :

« Tant que vous n'êtes pas prêt à être responsable de tout – mais vraiment de tout ce qui se produit dans votre vie –, vous ne progresserez pas. »

N'ajoutons que ceci : c'est votre libre décision (votre libre arbitre) de faire ou non des progrès dans votre vie.

Voilà la base du Principe LOL^2A, la loi universelle action = réaction.

Les réflexions à venir sont toutes basées sur le principe fondamental exprimé par Jésus lorsqu'il disait :

« Ne jugez pas pour ne pas être jugés. »

2. Lâcher Prise

Tu ne le contrains à rien, tu ne le bats pas, tu ne le commandes pas, parce que tu sais que la tendresse est plus forte que la dureté, que l'eau est plus forte que le rocher, que l'amour est plus fort que la violence.

Hermann Hesse, *Siddhartha*

Dans ce chapitre, je souhaite vous montrer comment le lâcher prise peut vous aider à atteindre vos buts plus rapidement et avec moins d'efforts par rapport à toute méthode. Dans ce sens, je vous en conjure, ne considérez pas ce thème d'un point de vue psychologique, mais d'un point de vue physique ; la vie n'est pas un « problème » psychologique, mais un « problème » physique – comme nous allons nous en rendre compte. À partir de cet aspect purement physique, des dimensions inimaginables s'ouvrent à nous.

2.1 Le pouvoir sur la vie et la mort

À quarante-huit ans, le manager d'une entreprise de moyenne importance fut « soudainement » atteint du cancer. Six mois plus tard, cet homme robuste était mort.

La raison médicale : le cancer.

La raison profonde : il n'arrivait pas à lâcher prise.

Un excellent vendeur travaillait dans une entreprise du secteur tertiaire. Il avait tellement de succès qu'il put se retirer des affaires à trente-sept ans.

La raison extérieure : c'était un vendeur au-dessus de la moyenne.

La raison profonde : il savait lâcher prise au-dessus de la moyenne.

Un homme a commencé à travailler comme porteur dans un hôtel suisse, sans connaître l'allemand. Dix ans plus tard, il en était devenu le directeur.

La raison extérieure : il a toujours donné le meilleur de lui-même.

La raison profonde : il savait lâcher prise.

Nous pourrions longtemps continuer avec d'autres exemples. Ce que je veux souligner ici, c'est que le thème du lâcher prise touche à la réalité de la vie (chance, richesse, succès, etc.) et de la mort. Celui qui entend l'expression « lâcher prise » pour la première fois peut trouver cela assez étrange. Mais on peut considérer les choses sous cette perspective :

La vie coule. Les anciens Grecs le savaient déjà : *panta rei* = tout coule. Si la vie coule véritablement, alors il est clair que retenir la vie conduit à la mort, n'est-ce pas ? Ce que l'on retient ne peut plus ni bouger ni couler. Et à nos yeux ce qui ne peut plus bouger est mort. Imaginez la vie comme une rivière : une rivière qui ne coule plus n'est plus une rivière.

Vous connaissez probablement la méthode la plus radicale pour détruire un ménage. Il vous suffit d'emprisonner votre partenaire afin de lui supprimer toute liberté de mouvement. Tôt ou tard, cela conduira inévitablement à la dissolution du mariage. Attention : ceci n'est pas une incitation au divorce.

Une immobilisation prolongée peut aussi causer la mort d'une entreprise. Une entreprise suisse bien connue, qui était le leader mondial dans sa branche avec des produits de haute qualité, traverse aujourd'hui une crise grave. Le nombre d'employés est passé de 1300 à 300 ; il ne reste plus grand-chose de l'entreprise de départ. La raison de l'échec : l'entreprise s'est trop longtemps reposée sur ses acquis technologiques et sur le succès de ses produits. Maintenant elle est complètement dépassée par le marché ; la concurrence a pris une avance considérable.

En retenant les choses, vous pouvez tout « tuer ». C'est juste une question de temps.

Un autre exemple : vous visez une cible avec un arc. Que devez-vous faire pour que la flèche atteigne la cible ? Vous devez tendre l'arc (énergie) ; vous devez viser (intelligence) ; **et vous devez lâcher la flèche** (lâcher prise). Vous allez rétorquer que n'importe quel idiot sait ça. Bien sûr, c'est chaque idiot qui le sait. Mais expliquez-moi pourquoi une personne dotée d'une intelligence normale oublie si facilement de lâcher lorsqu'il s'agit d'atteindre un objectif dans la vie courante ? Essayez donc d'expliquer à un manager « traditionnel et non initié » qu'il doit lâcher prise pour atteindre ses buts plus rapidement. Il va vous regarder comme si vous veniez d'une autre galaxie. Et pourtant c'est ainsi.

Le lâcher prise est le moyen le plus rapide et le plus économique d'atteindre tout but. Et lorsque je dis « tout but », j'entends vraiment par là tous les buts. Nous parlons ici de lois universelles ; il n'existe donc aucune restriction pour aucun objectif.

Imaginez ce qui se produit quand l'archer tend l'arc mais ne lâche pas la flèche. Au début, il ne se passe rien. Puis il se fatigue. S'il continue d'augmenter la tension, l'arc finit par casser. Qui tombe malade de surmenage n'a su « détendre l'arc ».

Qui ne détend pas l'arc tombe malade.
Qui ne détend pas l'arc l'a trop longtemps retenu, n'a pas su lâcher prise.

Ainsi il a atteint un résultat négatif, ce qui n'est absolument pas économique.

Le lâcher prise est en rapport direct avec la vie.
L'immobilité conduit aux blocages, à la maladie et à la « mort ».

Tout comme dans le chapitre « Action = Réaction », il est ici question de votre pouvoir ; votre pouvoir sur la vie et la « mort ».

Nous allons à présent regarder de plus près ce qui se cache derrière ce lâcher prise.

2.2 Comment activer votre intelligence universelle

Nous avons vu que le potentiel d'un être humain est constitué d'intelligence et d'énergie. Nous avons vu qu'il nous fallait mettre en œuvre un maximum d'intelligence et d'énergie afin d'atteindre nos buts avec un maximum d'efficacité et un minimum d'efforts. Il en est de même pour résoudre des problèmes. Si vous souhaitez résoudre vos problèmes rapidement avec un minimum d'efforts, vous devez également utiliser un maximum d'intelligence et d'énergie. C'est logique, n'est-ce pas ?

Comment activer cette intelligence ?

En voici la réponse : par le lâcher prise.

Nous allons examiner de plus près ce que signifie ce lâcher prise de façon concrète. Si, alors que vous avez un problème ou que vous désirez atteindre un but particulier (un état désiré), je vous recommande de lâcher prise, qu'est-ce que j'entends par là ? Que veut dire lâcher prise ?

Lâcher prise signifie :

1. Acceptez l'état présent

Si vous souhaitez passer d'un état présent à un état désiré le plus rapidement possible, vous ne devez pas retenir cet état présent. Comment voulez-vous que la situation présente se transforme en situation désirée si vous la retenez ? Retenir l'état présent signifie que vous ne l'acceptez pas. Accepter l'état présent signifie que vous le lâchez – il se produit alors quelque chose d'étonnant ; l'état présent se transforme. Là, j'entends souvent des gens s'écrier : « Mais je ne peux tout de même pas tout accepter. » Autrefois je pensais la même chose – et ce faisant j'ai failli me détruire. On peut non seulement accepter tout ce qui EST, mais on doit accepter tout ce qui EST. C'est une question de logique pure. Ce qui EST... EST ; et si quelque chose EST, il est inutile de s'énerver. Vous n'y changerez rien. Ce qui EST est ce qui existe MAINTENANT. Et ce qui existe MAINTENANT, personne ne peut le changer. Nous pouvons influencer l'avenir, mais pas ce qui EST, pas le MAINTENANT. Si nous n'acceptons pas ce qui EST, le MAINTENANT, nous nous conduisons d'une manière tout à fait illogique. Nous créons alors un conflit, un conflit entre nous et ce qui EST. Un conflit coûte de l'énergie et de l'argent, il bloque aussi l'intelligence. Cela signifie que, si nous n'acceptons pas ce qui EST, nous nous limitons complètement. Comment pensez-vous atteindre vos buts et résoudre vos problèmes rapidement, si vous refusez entièrement d'accepter ce qui EST. Ce n'est pas possible !

Vous allez objecter que le monde entier lutte contre l'état actuel ; même le pape et l'ONU. C'est vrai. C'est exactement pour cette raison qu'aucun problème n'est résolu, mais que de nouveaux problèmes surgissent.

On ne peut pas résoudre des problèmes en luttant contre un état présent particulier (des humains ou des situations). Cela n'a rien à voir avec de la psychologie ou de la philosophie ; c'est de la logique et de la physique pure. Les conflits génèrent de la résistance. Si le monde entier est basé sur le conflit et la résistance, les choses ne peuvent pas s'améliorer – et avant tout, vous ne pouvez pas résoudre vos problèmes. Imaginez ce qui se passerait si les amortisseurs de votre voiture n'acceptaient pas les aspérités de la route.

Commencez donc par accepter ce qui EST – aussi terrible que cela puisse paraître.

2. Ne jugez pas

Ceci est bien sûr en rapport avec le point précédent. Juger, c'est ne pas accepter quelque chose. Lorsque vous cessez de juger quelque chose, vous pouvez l'accepter plus facilement. Le lâcher prise veut donc aussi dire : arrêter de juger sans arrêt les gens ou les situations (en bien/en mal). Cela coïncide parfaitement avec la loi action = réaction.

Si vous jugez les gens ou les situations, vous bloquez la vie ; ce blocage signifie conflit, qui lui-même signifie résistance. Je le répète : nous parlons de lois physiques. Diviser veut dire couper quelque chose d'entier ; et quand j'ai deux parties alors j'ai un conflit. Dès lors, même avec la meilleure volonté, vous ne pouvez pas espérer atteindre vos buts rapidement. C'est une illusion. Il y a cependant toujours des gens qui essaient d'atteindre leurs objectifs à travers des conflits. Ces personnes disposent certainement de trop de temps et d'argent.

3. Ne pensez pas au chemin

J'ai dit que le lâcher prise active l'intelligence universelle, inhérente à chaque être humain. Si je veux atteindre un but particulier (état désiré) et que je ne me concentre que sur une voie spécifique, je me limite complètement. C'est une démarche purement intellectuelle qui bloque l'action de l'intelligence universelle.

Avec notre tête, nous distinguons peut-être deux ou trois voies possibles qui mènent au but. Mais qui vous dit qu'il n'y a pas une infinité d'autres chemins ? Beaucoup d'entreprises bloquent le potentiel de leurs employés en instituant un service de planning chargé d'élaborer des stratégies précises afin d'atteindre leurs objectifs. Ainsi, certaines de ces entreprises parviennent à un succès relatif, mais elles n'arriveront jamais à concurrencer les entreprises qui savent activer l'intelligence de leurs collaborateurs. L'introduction des motos Honda sur le marché américain en est un bon exemple. Selon une étude du professeur Mintzberg, les motos Honda auraient opéré une telle percée grâce à l'absence d'une stratégie particulière. Un manager classique a la chair de poule en entendant ce genre d'histoires (mais un manager classique fait rarement preuve de réussites extraordinaires). La raison du succès de Honda est claire et simple. Bien sûr la direction de l'entreprise **et tous les employés** s'étaient fixé un objectif très clair. Mais la direction n'avait pas commis l'erreur de limiter le potentiel des employés par **une seule** stratégie précise. Ainsi chaque employé pouvait développer son potentiel. Mais attention : ne jetez pas le bébé avec l'eau du bain ; je ne suis pas en train de prêcher l'abolition de toute stratégie. J'imagine les stratégies comme des guides ; elles doivent offrir un maximum de liberté afin que les employés puissent s'épanouir.

Je souhaite aussi attirer votre attention sur les conséquences suivantes. Si vous êtes malade, normalement (mais pas toujours) votre but est de recouvrer la santé. Si vous vous fixez sur une méthode/thérapie particulière, vous limitez votre intelligence universelle. Votre cœur, la vie, votre Dieu savent bien mieux que votre intellect limité comment recouvrer la santé au plus vite. Dieu n'est pas limité ; Dieu est intelligence universelle. Pourquoi bloquez-vous cette intelligence ?

Je vous renvoie aux chapitres précédents. L'être humain possède le libre arbitre. Il est donc en son pouvoir de renier cette intelligence universelle, son Dieu – tellement le pouvoir de l'être humain est grand. Personne ne peut vous guérir contre votre volonté.

Ne pensez donc pas au chemin : cela peut avoir des conséquences dramatiques. J'ai entendu parler d'un couple avec un enfant autiste. Les médecins avaient déclaré l'enfant incurable. C'est compréhensible, les médecins connaissent des thérapies précises et, dans ce cas, avec leur pensée intellectuelle, ils ne voyaient pas de méthodes de guérison. Les parents ne prirent pas en considération l'opinion des médecins. Ils ne s'attachèrent pas à une manière précise de soigner. Ils laissèrent la porte ouverte à toutes les possibilités. Aujourd'hui, l'enfant est guéri sans médicaments – « seulement » par l'application des principes que l'on nomme ici Principe LOL^2A. L'enfant a même fait des études universitaires. La limitation à une seule démarche est une terrible restriction de nos possibilités. Pensez seulement à ce qui était incurable il y a cinquante ou cent ans et que l'on peut guérir aujourd'hui. La situation sera la même dans cinquante ou cent ans. La médecine est l'exemple **par excellence** de la pensée limitée. Ce qui est puni par la prison à une époque donnée est souvent reconnu par l'opinion générale quelques années plus tard.

Notre pensée rationnelle est si limitée qu'elle ne nous permet pas d'entrevoir le large éventail des possibilités qui s'offrent à nous pour atteindre nos buts. Chacun est libre de dépendre de ses seules capacités rationnelles, mais il doit en assumer les conséquences.

4. Ne luttez pas pour le but ou contre l'état présent

Lutter signifie s'agripper, la lutte est synonyme de conflit. Cela nous conduit à la résistance, à un gaspillage inutile de temps et d'énergie. Lorsque nous nous agrippons, nous limitons notre intelligence universelle. Et c'est bien l'attachement à notre pensée rationnelle qui limite autant notre intelligence. Vous pouvez certainement atteindre des buts en luttant, mais à quel prix ? Au prix de quels efforts ? Celui qui est prêt à payer le prix, qu'il le fasse, mais il doit en assumer les conséquences.

Souvenons-nous de ces décennies de combat entre Israël et l'OLP. Qu'ont-elles apporté ? Un énorme gaspillage d'énergie, des morts par milliers et de la souffrance. Où est la logique là-dedans ? Cela n'a rien à voir avec la raison ou avec l'économie. Par contre cela relève de l'orgueil humain, du petit ego, c'est-à-dire de la rationalité. Ainsi les problèmes ne seront jamais résolus !

En lâchant prise, nous atteignons nos objectifs plus rapidement et avec moins d'efforts qu'avec les luttes conventionnelles. Nous atteignons nos objectifs même si l'adversaire est le plus fort. Il nous suffit de regarder l'histoire. Elle nous offre assez d'exemples. L'exemple le plus impressionnant pour moi est la campagne de Napoléon contre la Russie. À cette époque, Napoléon était probablement le général le plus génial (intelligence) et il disposait de l'armée la mieux équipée. Si l'armée russe s'était directement lancée dans le combat, les troupes de Napoléon l'auraient anéantie.

Que faut-il faire dans un cas pareil ? Quelle stratégie un adversaire de Napoléon devait-il appliquer ? Cela devrait être une stratégie qui conduise à davantage d'intelligence et de pouvoir (énergie) – plus que celle dont Napoléon disposait. Napoléon eut la malchance d'avoir pour adversaire le général Koutouzov. Koutouzov savait penser logiquement à la différence de ses officiers. Malgré les recommandations de ceux-ci, Koutouzov ne voulut pas se battre. Il se retira avec ses armées (non-résistance/lâcher prise). À mesure qu'il avançait, Napoléon était de plus en plus frustré, n'ayant pas d'adversaire à combattre. Ainsi Napoléon perdait de plus en plus d'énergie, contrairement à Koutouzov. Lui qui chérissait sa patrie, la Russie, plus que tout, permit à Napoléon d'avancer jusqu'à Moscou. Supposant avoir gagné, Napoléon envoya des offres de paix au tsar et à Koutouzov. Ces offres restèrent sans réponse. Il en résulta une frustration de plus en plus grande pour Napoléon qui perdit de nouveau de l'énergie. Il tomba de plus en plus malade. Koutouzov et son armée n'avaient quant à eux perdu ni énergie ni intelligence. Lorsque Moscou fut la proie des flammes, que l'hiver s'installa et que Napoléon fut obligé de se retirer, Koutouzov avança, anéantit la grande armée ennemie. Napoléon fut ramené secrètement en France, vaincu et malade.

Koutouzov ne fit rien d'autre que d'utiliser le lâcher prise comme stratégie. Contrairement à ses officiers, il accepta le fait que Napoléon pénètre en Russie. Cette acceptation de la situation présente lui permit de continuer à penser clairement (intelligence) et en définitive, de battre à plate couture le plus grand général de tous les temps. En combattant immédiatement l'état présent (l'invasion de la Russie par les troupes françaises),

Koutouzov n'aurait jamais atteint son but (l'expulsion de Napoléon). Il aurait été exterminé.

Chacun d'entre nous est une sorte de général. Pensons seulement à nos luttes quotidiennes ! Quelles sortes de stratégies conduisent au succès si l'adversaire est plus fort que nous ? L'adversaire peut être une maladie particulière. Qui peut vous garantir que vous êtes plus fort que la maladie ? Dans ce cas précis, la stratégie de Koutouzov serait la plus appropriée. Le lâcher prise, l'absence de résistance, afin de ne pas être détruit par un adversaire puissant.

Il ne s'agit pas d'abandonner notre but (la santé). Koutouzov n'avait pas abandonné un seul instant son objectif. Cela signifie seulement que nous devons appliquer une autre stratégie, une stratégie qui ait plus de pouvoir pour atteindre nos objectifs. Cela signifie que nous ne devons pas appliquer une pensée conditionnée et étriquée et nous lancer dans le combat avec le risque de perdre. Cette stratégie illogique de combat s'avère seulement payante quand l'adversaire est plus faible.

Je vous propose une stratégie avec laquelle **vous sortirez toujours victorieux,** quelle que soit la force de votre adversaire. Cette stratégie, c'est le lâcher prise.

5. Ne vous concentrez pas sur le but

Si vous vous concentrez avec acharnement sur votre but, cela veut dire que vous vous agrippez, que vous limitez votre intelligence ; et là, vous n'êtes plus capable d'avoir des pensées lucides. Concentration signifie exclusion ; vous ne voyez plus ce qui se passe autour de vous, ce qui est une limitation de votre intelligence. Un vendeur qui ne se concentre que sur la conclusion d'une affaire alors qu'il est avec son client ne perçoit pas ce dernier dans son ensemble, et ce faisant il ne rend service ni au client ni à lui-même. Entendons-nous bien : le but doit demeurer, mais si nous nous concentrons trop dessus, nous perdons de vue l'ensemble de la situation actuelle, et nous ne nous conduisons plus de manière optimale à l'instant présent. En d'autres termes : nous limitons notre potentiel et notre intelligence universelle.

On peut très bien observer les conséquences de cette attitude dans le sport. Celui qui se concentre trop exclusivement sur un but particulier connaîtra certainement un certain succès, mais il ne deviendra jamais un grand champion, car il est trop tendu. La concentration est en relation avec le combat et la tension. Celui qui est tendu ne peut pas atteindre une performance optimale. Un jeune participant à mes séminaires m'a raconté le fait suivant :

Il jouait très souvent au tennis contre son père. (C'est intentionnellement que j'emploie le mot « contre ».) Son but était de battre son père à tout prix. Il pensait qu'il était en bien meilleure condition physique que ce dernier, il devait donc le battre. Pourtant, il perdait sans arrêt. Bien entendu, sa lutte devint plus forte. Un jour, il en eut assez de cette lutte (de se concentrer sur ce but et de se battre pour ce but), il joua simplement pour le seul plaisir de jouer et non plus pour gagner. Eh bien, à partir de ce jour, il n'a plus jamais perdu un match contre son père. Il a toujours gagné. Il n'a rien fait d'autre que lâcher prise. La résistance et le blocage avaient disparu, la vie pouvait à nouveau couler, passant d'un état présent à un état désiré.

Ce qui est valable pour le sport l'est aussi dans les autres domaines de la vie : pour le manager, pour le vendeur, pour le chômeur, pour la mère qui veut que son enfant réussisse à l'école. Partout c'est le même mécanisme qui domine. Si vous vous concentrez avec trop d'acharnement sur un but, vous limitez votre potentiel. Lâchez votre but.

6. Ne doutez pas d'atteindre votre but

Les doutes viennent de l'intellect. Ils limitent complètement notre intelligence universelle. Le doute est le contraire de la confiance ; sans confiance, vous ne pouvez pas activer votre intelligence. Lâcher prise, c'est avoir confiance, confiance en la vie, en l'infinie sagesse qui existe en chaque être humain. Celui qui n'a pas confiance ne peut pas lâcher prise. Il doit s'accrocher à tout ce qu'il trouve. Ce manque de confiance en la vie est une action qui provoque une réaction équivalente. **Celui qui n'a pas confiance en la vie ne peut pas s'attendre à ce que la vie le porte, lui apporte du bien.** Ainsi il limite considérablement ses possibilités. Celui qui veut atteindre un but et qui en même temps doute d'y parvenir a peu de chances d'y arriver. Par ses doutes il bloque le flux de la vie. En conséquence, même s'il atteint son objectif, cela lui demandera beaucoup de temps et d'énergie. Jésus aussi le savait bien sûr en disant que **si nous avions un grain de foi, rien ne nous serait impossible.**

À travers le lâcher prise (confiance), la vie peut couler. Notre intelligence universelle peut se manifester. Cette intelligence universelle est parfois nommée « supraconscience » ou « Dieu ».

Résumons :

Le lâcher prise est le contraire de la faiblesse ; il active en chaque être humain une intelligence inimaginable, ce qui signifie concrètement :

- Acceptez l'état présent.
- Ne jugez pas.
- Ne pensez pas au chemin.
- Ne luttez pas pour le but ou contre l'état présent.
- Ne vous concentrez pas sur le but.
- Ne doutez pas d'atteindre votre but.

2.3 Comment stopper les pertes et les blocages inutiles d'énergie

Sans énergie, on n'atteint aucun but, on ne résout aucun problème. Avec peu d'énergie, tout avance beaucoup plus lentement qu'avec beaucoup d'énergie. Nous devons donc nous poser la question : où est-ce que je perds, où est-ce que je bloque inutilement de l'énergie ? En principe notre but devrait être de ne pas perdre ou bloquer inutilement de l'énergie.

Je considère la situation énergétique de l'être humain d'un point de vue très pratique. C'est pourquoi je ne fais aucune différence entre perte et blocage d'énergie – dans les deux cas, il me manque tout simplement de l'énergie. Et ainsi, mon potentiel se trouve limité.

Mais où donc perdons-nous ou bloquons-nous inutilement de l'énergie ?

L'énumération suivante ne prétend pas être exhaustive ; mais elle devrait nous montrer qu'en général nous sommes « troués comme une passoire ».

1. Nous perdons ou bloquons de l'énergie quand nous n'acceptons pas l'état présent.

Si nous n'acceptons pas les gens, les situations, nos propres sentiments ou notre passé, cela nous coûte inutilement de l'énergie. De cette manière nous créons des conflits, et comme nous l'avons déjà vu, les conflits bloquent l'énergie.

2. Nous perdons ou bloquons de l'énergie quand nous jugeons.

En divisant, nous créons un conflit et par là, nous perdons de l'énergie. Voilà une réflexion analogue au point 1. Ce que nous jugeons, c'est ce que nous ne pouvons pas accepter.

Nous parlons ici du lâcher prise et nous avons vu que le lâcher prise est en rapport direct avec la vie ou la mort. Le jugement (division) est lié à la mort ; ce qui est divisé n'est pas entier. Ce qui n'est pas entier ne peut pas s'épanouir. L'absence de jugement est liée à l'unité, et l'unité est liée à la vie. Le meilleur exemple pour illustrer ce point, c'est celui de l'homme et de la femme.

Que se passe-t-il lorsque l'homme et la femme fusionnent dans l'unité, lorsque la dualité mâle/femelle est dépassée ? Il en résulte la vie. **L'être humain est capable de générer la vie lorsqu'il ne divise pas.** Si nous vivions pleinement la division homme/femme, au bout de cent ans, la race humaine s'éteindrait. La vie est unité. La division est « mort ». Observons cela d'un point de vue énergétique : la vie est énergie ; le jugement bloque cette énergie, et donc la vie.

Prenons un sportif qui juge continuellement ses performances. Il bloque ses possibilités. Nick Faldo, ex-numéro un des qualifications de golf, en est un bon exemple. Nick Faldo est un perfectionniste. Et que fait un perfectionniste ? Il n'est jamais vraiment satisfait de son jeu et se juge souvent. Nick Faldo a appris à accepter un coup qui n'atteignait pas la perfection, à ne plus le juger. Et que s'est-il passé ? Il s'est mis à jouer comme en transe et a atteint un niveau de jeu qu'il n'avait jamais pu atteindre avec la lutte. La perfection ne s'atteint pas par la lutte, la perfection s'atteint par le lâcher prise, par l'absence de jugement. Ceci s'observe à merveille dans le sport, car par cette absence de jugement la peur de commettre une erreur disparaît, ce qui nous amène au point suivant.

3. Nous perdons ou bloquons de l'énergie quand nous avons peur de l'échec.

En curling, on appelle les pierres lancées avec peur « pierres de la peur ». La peur peut prendre des dimensions telles que la personne s'en trouve complètement paralysée, incapable d'utiliser l'énergie de manière productive. Peur signifie blocage ; la vie ne peut couler.

Plus nous nous jugeons (voir point 2), plus nous engendrons la peur. C'est la peur de ne pas être à la hauteur de nos propres exigences. Et une fois de plus cela signifie conflit. C'est un conflit entre l'état présent et l'état désiré qui nous coûte de l'énergie et bloque le courant de la vie. Je pense que vous avez senti qu'il s'agissait en fait toujours de la même chose : de conflit ou d'absence de conflit, de résistance ou d'absence de résistance.

4. Nous perdons ou bloquons de l'énergie quand nous comparons.

Ceci est une variation du point précédent. En général, celui qui compare juge également. Si vous comparez votre voiture avec celle de votre voisin, et que vous constatez qu'il s'est encore acheté un véhicule plus grand et plus cher, cela vous coûte inutilement de l'énergie.

En médecine, on a constaté que les gens souffrant du cancer avaient souvent en commun une forte tendance à comparer. Ils se comparent constamment avec leur environnement et essaient d'y correspondre le mieux possible. Ces gens tentent de n'offenser ni rien ni personne. Ils sont tellement dans la norme qu'ils en tombent malades. En termes de médecine, on parle de « normopathie » pathologiquement normale. Ces gens se comparent tellement à d'autres que cela mène à des blocages complets d'énergie. Quand le corps n'en peut plus, il développe un cancer et commence à se révolter contre ces blocages. À nouveau nous avons là le thème de la vie (lâcher prise) et de la mort (s'agripper).

Si vous désirez vraiment développer votre potentiel le plus possible, je vous conseille fermement de **ne jamais vous comparer à d'autres personnes, ni même à vos concurrents. Vous êtes Vous.** Les autres sont les autres ; chacun a son propre chemin.

5. Nous perdons ou bloquons inutilement de l'énergie quand nous entretenons des sentiments négatifs.

Quand une autre personne nous énerve, non seulement nous lui donnons du pouvoir sur nous-mêmes, mais en plus nous perdons de l'énergie. Cette conduite n'est donc pas à notre avantage.

N'oubliez pas que lorsque quelqu'un vous énerve, cela signifie finalement que vous n'êtes pas capable d'accepter la personne telle qu'elle est. Donc les effets des sentiments négatifs sont exactement les mêmes que ceux de la non-acceptation et du jugement.

Souvenons-nous de l'attitude de certains membres de l'équipe suisse de ski. À l'occasion des Jeux olympiques d'hiver d'Albertville, en France, la presse se faisait l'écho des critiques de différents athlètes concernant les pistes. Ainsi il y avait des sentiments négatifs à l'égard des pistes. Les résultats de l'équipe suisse furent désastreux. C'est la conséquence logique de la violation des lois fondamentales de la vie. Dans les mêmes circonstances, Alberto Tomba nous fit la démonstration des conséquences logiques d'une attitude en rapport avec les principes de la vie. Pas une trace de sentiment négatif, seulement du plaisir et toujours du plaisir. Les résultats furent convaincants : plusieurs médailles d'or.

Ceci incite à la réflexion, car la direction de l'équipe suisse ignore apparemment ces faits. La condition physique et la meilleure technique ne suffisent pas à vous maintenir dans les premiers rangs. Un vrai champion vit en harmonie avec les lois universelles mentionnées ici – et c'est cela qui le rend invincible.

6. Nous perdons et bloquons de l'énergie quand nous luttons.

Que nous luttions pour un but ou contre l'état présent, c'est toujours une lutte, donc une tension. C'est une perte d'énergie.

Là encore, un exemple dans le domaine du sport servira d'illustration. Le match Allemagne-Danemark en Coupe d'Europe de football 1992 – l'Allemagne était partie favorite, aussi bien du point de vue technique que physique. C'était une rencontre décisive pour l'Allemagne, qui la prépara minutieusement. Pour le Danemark, il y avait peu de choses en jeu, leur préparation fut tout aussi « intensive » pourtant : tandis que les Allemands s'entraînaient sur le terrain, les Danois se reposaient sous le soleil de la plage. Et bien sûr, le Danemark l'emporta. Quand les deux adversaires disposent d'une technique plus ou moins équivalente, c'est celui qui sait lâcher prise qui finit par gagner : le flux de son énergie est supérieure.

Cela dit, n'allez pas croire que ces principes ne sont valables que pour le sport. Ce n'est bien entendu pas le cas. Prenons un vendeur. Au cours de mes vingt-cinq ans d'activité dans le domaine économique, je n'ai jamais vu un vendeur au-dessus des normes se battre pour atteindre un budget ou se battre contre un chiffre d'affaires. Je n'ai jamais vu un vendeur au-dessus de la moyenne préparer méticuleusement les visites chez les clients. J'ai vu pourtant un tas de vendeurs médiocres dont on disait qu'ils étaient très appliqués. On pouvait aussi dire en même temps que le résultat de leurs ventes était médiocre.

J'ai aussi rencontré des vendeurs vraiment au-dessus de la moyenne. Tous sans exception savaient lâcher prise.

Une fois j'ai été responsable d'une équipe de 30 vendeurs. Et là, j'ai vécu quelques expériences désagréables. Parfois nous devions licencier un vendeur en raison de ses résultats peu satisfaisants. Ils étaient tous sans exception des collaborateurs travailleurs qui se battaient pour atteindre leur but (justement : ils s'étaient battus, et par là, complètement limités ; mais à cette époque, je ne le savais pas encore). Pendant le délai de préavis, une chose curieuse se produisait : le collaborateur licencié se mettait à vendre. Je ne parle pas d'un cas isolé, le fait s'est souvent répété. À la lumière du Principe LOL^{2}A, on en comprend la raison. Soudain, l'employé cessait de se battre pour un but, il acceptait son chiffre d'affaires et ne portait plus de jugement sur les visites effectuées chez ses clients. Pendant les trois derniers mois, il travaillait tout simplement sans juger. Avant de voir un client, il se disait la chose suivante : « Si j'obtiens cette commande, ils verront là-haut qu'ils ont viré la mauvaise personne, c'est bien fait pour eux. Mais si je n'obtiens pas cette commande, c'est encore bien fait pour eux… ils n'avaient qu'à ne pas me virer. » Quel que fût le résultat, c'était parfait. Ainsi sans s'en rendre compte, il mettait en pratique l'art suprême du bouddhisme zen : la sérénité. Mais tous nos systèmes de motivation vont dans le sens contraire : ils encouragent un petit nombre d'hommes, mais en découragent beaucoup. Vous allez peut-être rétorquer que l'on obtient tout de même des résultats positifs par la pression. C'est vrai. La question est pourtant la suivante : quelles sont les unités comparées ? Si je prends un mauvais vendeur, il est facile d'obtenir de meilleurs résultats en augmentant la pression. Mais si nous comparons deux équipes de vente (deux équipes sportives), et que l'une travaille sous la pression et l'autre selon le Principe LOL^{2}A, le résultat sera évident. Tout comme dans la recontre de football Allemagne-Danemark. L'équipe qui lutte n'a aucune chance, car elle limite non seulement son intelligence, mais aussi son potentiel énergétique.

Dans l'économie, cette différence peut décider de la vie ou de la mort d'une entreprise. L'équipe qui ne lutte pas atteint un meilleur chiffre d'affaires avec moins d'efforts. Il ne peut en être autrement. Dans la situation économique actuelle, bien des équipes de vente se battent vigoureusement : c'est la chance pour une équipe disposant d'une bien meilleure stratégie.

7. Nous perdons ou bloquons inutilement de l'énergie quand nous avons des sentiments de culpabilité.

Si nous pensons que, par le passé, nous avons mal fait certaines choses, cela peut nous donner des sentiments de culpabilité. Ces sentiments de culpabilité peuvent devenir si forts qu'il en résulte d'énormes blocages d'énergie. Une telle personne ne sera jamais capable de résoudre facilement ses problèmes et d'atteindre ses buts avec peu d'efforts, étant complètement bloquée à l'intérieur d'elle-même.

Chez beaucoup de gens, ces sentiments de cupabilité provoquent des douleurs dans le dos. On peut facilement le comprendre : la personne concernée porte un fardeau énorme sur les épaules. Elle risque de traîner ce boulet durant toute sa vie. Son corps courbé exprime cet état. Pourtant ce fardeau n'a aucun sens. C'est comme si vous remplissiez votre voiture de grosses pierres, afin de rouler le plus lentement possible. Il est stupéfiant de voir ce que l'être humain peut s'infliger pour éviter le bien-être et renoncer à ses buts les plus élevés. Pour une raison inexplicable, il se fait un point d'honneur de se traîner péniblement dans la boue. Je ne sais pas où est l'honneur dans tout cela !

Ma recommandation est la suivante : si vous transportez ce fardeau de sentiments de culpabilité, débarrassez-vous-en le plus vite possible. Imaginez-vous libérant vos épaules d'un immense sac que vous jetez dans un précipice. **On entretient seulement des sentiments de culpabilité lorsque l'on juge son passé.** Je l'ai déjà mentionné : le jugement n'apporte rien. Cessez de vous juger le plus rapidement possible. **Vous n'avez jamais commis d'erreur, vous avez appris.**

Veuillez considérer qu'il ne s'agit ici ni de psychologie ni de religion, mais de physique. Quel homme parcourt le monde de son plein gré avec un gros fardeau sur les épaules ? Quel homme a le droit de vous juger pour cela ? Aucun, à part vous-même. Si c'est ce que vous souhaitez, si cela vous amuse, qu'il en soit ainsi.

Nous avons jusqu'à présent observé différentes attitudes qui conduisent inévitablement à des blocages ou à des pertes d'énergie. Toutes ces attitudes sont en rapport avec le désir de s'agripper. C'est pourquoi nous pouvons aussi dire que le fait de s'agripper entraîne des pertes d'énergie, alors que le lâcher prise libère le flux d'énergie.

Nous avons vu dans le chapitre précédent que le lâcher prise active l'intelligence universelle existant en chacun. Dans ce chapitre, nous avons constaté que le lâcher prise évite les pertes et les blocages d'énergie.

N'est-ce pas merveilleux ! Une seule attitude nous permet de développer de manière optimale les deux facteurs fondamentaux du potentiel humain (l'intelligence et l'énergie). Voilà qui est économique. Grâce à une seule attitude, au lâcher prise, nous activons immédiatement notre intelligence universelle et notre énergie illimitée, ce qui veut dire notre potentiel humain !

Il est temps de vous raconter comment j'ai découvert le lâcher prise. À l'aide du lâcher prise j'ai, en très peu de temps, fait la connaissance de ma femme et me suis marié. Mon état présent était « pas de femme ». Mon état désiré était « la femme idéale ». J'ai donc commencé à chercher très activement. Je cherchais par-ci, par-là. J'ai fait quelques rencontres, mais rien n'a duré bien longtemps. La frustration augmentait de plus en plus, jusqu'au jour où j'ai décidé de changer radicalement ma façon de penser. **J'ai cessé de chercher.** Trois mois plus tard, je suis allé en vacances en Tunisie. C'était en novembre. Personne ne va en vacances en Tunisie au mois de novembre, et encore moins pour y faire la connaissance d'une femme. Je n'avais pas la moindre intention de rencontrer quelqu'un. Un groupe de Français se trouvait là en même temps que moi et ensemble nous avons fait un tour dans le Sahara. Durant tout le voyage, une jeune Française « était à mes trousses ». Je ne faisais pas preuve d'un intérêt particulier, puisque je ne cherchais personne. Pourtant au cours du voyage, nous nous sommes quand même rapprochés. En rentrant de Tunisie, après une quinzaine de jours, je savais que j'avais rencontré ma future femme. J'ai encore pris l'avion deux ou trois fois pour Paris, et nous avons décidé de nous marier (les allers et retours ne sont pas économiques). Quatre mois plus tard, nous étions mariés. Bien sûr mes amis pensaient que j'étais devenu fou, et que cela ne pourrait jamais marcher. Ma femme a neuf ans de moins que moi. Plus de dix-sept ans ont passé depuis, et je suis toujours convaincu qu'elle était et qu'elle est encore la femme idéale pour moi.

Ce qui est beaucoup plus intéressant que les circonstances de cette rencontre, c'est ce que j'ai fait pour atteindre mon but – mon état désiré – si rapidement et avec tant d'efficacité. J'ai simplement lâché prise, ce qi signifiait :

• J'ai accepté de vivre MAINTENANT sans femme. Ainsi j'ai accepté l'état présent, par conséquent je ne me suis plus battu pour trouver une femme (état désiré) ou contre ma situation de célibataire (état présent). La lutte a pris fin. Du coup la perte d'énergie a aussi cessé.

• Je n'ai plus condamné mon statut de célibataire. Je n'ai plus créé de conflit entre l'état présent et l'état désiré. C'était la condition pour que la vie puisse couler à nouveau et que l'état présent puisse changer.

• J'ai cessé de penser à un chemin particulier pour atteindre mon but. Auparavant, j'imaginais toujours quelles seraient les meilleures stratégies pour trouver une femme. Fixé sur un but particulier, je me suis complètement limité. Ayant accepté l'état de célibataire, je ne pensais plus aux moyens me permettant de rencontrer une femme.

• J'ai cessé de me concentrer sur mon but. Avant, je parcourais le monde avec l'idée fixe « je veux rencontrer une femme ». Cela aussi était une limitation totale de mon potentiel, au point que je ne voyais même plus ce qui se passait autour de moi. La concentration est synonyme d'exclusion. Dès l'instant où j'ai lâché le but, la vie pouvait recommencer à couler. Mais attention : j'ai lâché le but, mais je ne l'ai pas abandonné. Le but m'habitait encore, mais je n'étais plus fixé dessus. J'ai permis aux choses de se développer – et elles se sont développées à merveille.

• Je n'avais plus de doutes.

Auparavant, je luttais pour mes buts, ce qui donnait naissance à toutes sortes de doutes : « Est-ce que je vais trouver celle qu'il me faut ou pas ? » Les doutes sont ce qu'il y a de pire lorsque l'on veut atteindre un but. Ne luttant plus pour mon but, n'étant plus fixé dessus, ayant accepté l'état présent, je n'avais plus la moindre raison de douter.

En peu de mots, j'avais lâché prise et en un minimum d'efforts et de temps, j'ai non seulement « trouvé » une femme, mais j'ai trouvé la femme idéale. J'ai de la peine à écrire le mot « trouvé », car je ne l'ai pas cherchée. Depuis ce temps-là, je garde à l'esprit la phrase suivante :

« Celui qui cherche ne trouve pas. »

Cette phrase prend tout son sens lorsque l'on cherche dans un état de crispation, quand il s'agit d'une recherche comportant la lutte, le doute, la colère, etc.

Ce sont toutes les caractéristiques du non-lâcher, et c'est la raison pour laquelle cela ne marche pas.

Mais il existe une recherche sans recherche.

C'est ce que j'ai appliqué. Chaque vendeur ayant un succès au-dessus de la moyenne l'applique. Et tout chômeur devrait l'appliquer quand il « cherche » un nouvel emploi. Cette recherche est liée au lâcher prise et à la confiance ; à une confiance entière en la vie, en l'intelligence universelle qui existe en tout être humain, en Dieu – peu importe le nom que vous donniez à cette sagesse.

Que vous cherchiez une femme, un nouvel emploi, un nouveau client, un nouvel appartement, une nouvelle voiture, un nouveau collaborateur, etc.

Vous avez ici au millimètre près la démarche à suivre pour atteindre votre but le plus rapidement possible avec le moindre effort.

Plus vite et plus facile n'est pas possible – à moins que vous ne sachiez mettre en pratique ce qui suit dans le troisième chapitre.

2.4 Une découverte étonnante : l'état idéal de la vie

Rien ne fut, rien ne sera ;
tout a sa vie et appartient au présent.

Hermann Hesse, *Siddhartha*

En principe, nous pourrions mettre fin au sujet du lâcher prise. Nous avons parlé des attitudes les plus importantes et de leurs effets. Il y a cependant encore beaucoup à dire sur ce thème. Toutes les attitudes que nous avons passées en revue ont quelque chose de fondamental en commun. C'est ce que nous allons essayer de découvrir maintenant.

Posez-vous donc la question suivante : qu'est-ce que ces attitudes ont en commun – non-acceptation, jugement, lutte, etc. ? Quel pourrait être leur plus petit dénominateur commun ?

Cherchons la réponse à cette question à travers quelques exemples :

La non-acceptation, qu'est-ce que cela signifie ? Cela signifie que je n'accepte pas ce qui est **MAINTENANT.** Je voudrais que ce « maintenant » soit différent ; peut-être tel qu'il était dans le passé ou tel que je l'imagine pour l'avenir – mais pas comme il est MAINTENANT.

Les comparaisons : soit je compare quelque chose qui est MAINTENANT avec quelque chose qui était auparavant ou avec quelque chose qui devrait être dans l'avenir. Soit je me compare ICI avec une personne qui est AILLEURS.

Les sentiments de culpabilité : dans ce cas, c'est mon passé qui influence mon présent.

Sentez-vous déjà quel pourrait être ce plus petit dénominateur commun ?

Toute attitude qui conduit à des blocages ou à des pertes d'énergie, ou encore à une limitation de l'intelligence universelle, découle sans exception de la résistance, d'un refus de lâcher prise et provient de l'intellect. Elle reflète aussi :

L'incapacité de vivre dans le ICI et MAINTENANT.

En conséquence, celui qui n'est pas capable de vivre dans le ICI et MAINTENANT gaspille et bloque l'énergie, et limite son intelligence.

Au sens positif du terme, le lâcher prise n'est rien d'autre que :

La capacité de vivre dans le ICI et MAINTENANT.

Être incapable de vivre dans le ICI et MAINTENANT, c'est ne pas accepter ce qui **EST,** mais vivre constamment dans le passé ou dans le futur. Mais veuillez prendre en considération ceci : la vie ne se passe ni dans le passé ni dans l'avenir. La vie est **MAINTENANT.** Il n'existe rien d'autre que le MAINTENANT. Pour cette raison, la meilleure chose que vous puissiez faire, c'est d'accepter le **MAINTENANT.** Alors, vous êtes en accord avec la vie ; cela veut dire, sans conflit avec la vie. Alors :

Vous disposez d'un maximum d'intelligence et d'énergie.

Comparez cela à un commutateur électrique. Le courant (courant de vie) coule le plus vite là où il n'y a pas de résistance. Tout débutant connaît cela.

Les hommes sont comparables à des résistances. Vous êtes-vous déjà demandé où le courant coule le plus vite ? Selon toute logique, là où il y a le moins de résistance. Et où trouve-t-on le moins de résistance ? Chez l'homme qui vit dans le ICI et MAINTENANT. **Dès que vous sortez du ICI et MAINTENANT, vous créez la résistance et le conflit. Cela freine le courant de la vie, cela freine la réalisation de vos buts, cela freine la solution de vos problèmes** (si vous en avez).

Vous voyez que nous parlons là de phénomènes physiques. La vie dans le ICI et MAINTENANT est une condition de vie physique optimale qui élimine la résistance. Permettez-moi de préciser encore que cette condition idéale peut être encore augmentée. Nous y reviendrons en traitant le thème de l'amour, mais je souhaite encore vous signaler les recherches incroyables dans le domaine des supraconducteurs. Ce que les physiciens essaient d'accomplir dans le domaine du transfert d'énergie (absence de résistance), l'être humain l'atteint en vivant dans le ICI et MAINTENANT.

Si en tant que capitaine (intellect), j'ai clairement défini la destination de mon navire, je n'ai plus besoin de penser au passé ou à l'avenir ; le mieux que je puisse faire, c'est de vivre avec confiance dans le ICI et MAINTENANT, sachant que tout ce qui EST est bien parce que c'EST, parce que cela sert mon but. Mon intelligence universelle connaît non seulement ma destination, mais aussi le meilleur chemin pour atteindre cette destination. Je devrais donc cesser d'intervenir avec ma pensée intellectuelle limitée.

Lâcher prise signifie vivre dans le ICI et MAINTENANT.

Cela signifie laisser derrière soi le petit moi (l'ego, la première réalité, l'intellect), pour laisser agir le grand MOI (La seconde réalité, la pensée du cœur, Dieu).

Je tiens à vous signaler qu'il existe d'autres termes qui décrivent le même état d'esprit. Le bouddhisme zen connaît par exemple les expressions « sans intention », « agir sans agir ». Dans le bouddhisme zen, les exercices ont pour but (intention !?) de ne pas laisser se manifester la moindre trace de conscience du moi. La conscience du moi relève de l'intellect et dérange ou bloque le comportement optimal. C'est pour cela que le bouddhiste zen aspire au vide intérieur (= absence de toute pensée).

Rappelons-nous Lao-tseu qui nous incite à AGIR SANS AGIR (!).

Si vous vous souvenez encore comment j'ai rencontré ma femme, il ne me reste qu'à dire : comme c'est vrai ! On ne peut pas faire plus.

Ou bien pensons à Maître Eckhart, l'un des plus grands mystiques de la chrétienté. Lui aussi a abordé ce thème : « En dépendant de notre propre moi, nous devenons un obstacle à nous-mêmes et ne pouvons pas porter de fruits, nous sommes incapables de nous accomplir pleinement. Maître Eckhart disait cela vers l'année 1300. Six cent cinquante ans avant que le management ne découvre le potentiel humain ! Mais encore aujourd'hui, huit managers sur dix ne sont pas arrivés au niveau de l'année 1300. Ils font exactement le contraire des recommandations de Maître Eckhart. Ils s'accrochent à leur petit moi et se battent comme des lions, ne réalisant pas qu'ils représentent un « obstacle » pour eux-mêmes et qu'ainsi ils ne peuvent pas s'épanouir pleinement. Les choses continuent à fonctionner plus ou moins bien, car la plupart des autres managers violent eux aussi systématiquement les lois fondamentales de la vie. Au royaume des aveugles, les borgnes sont rois. Mais attention... au moment où arrive celui qui a deux yeux !

Pour Maître Eckhart le but était aussi de laisser derrière soi le petit moi limité de l'intellect, afin que l'intelligence universelle existant en chacun puisse s'épanouir.

Toutefois, je vous fais remarquer que dans certaines circonstances, nous pratiquons tous le ICI et MAINTENANT. Par exemple lorsque nous respirons. Je n'ai jamais vu un être humain faire provision d'air en respirant. La respiration a toujours lieu dans le ICI et MAINTENANT, avec la confiance qu'il y aura toujours assez d'air.

Autre exemple : lorsque nous jouons de la musique, nous ne pensons pas aux mesures qui vont suivre dans les minutes à venir. Chaque note est jouée parce qu'elle est à la bonne place. Chaque note est un MAINTENANT. Elle est là où elle est, point. Mais dans nos vies, nous agissons tout à fait différemment. Souvent (toujours ?), nous vivons pour un but. Nous faisons ceci ou cela aujourd'hui parce que nous voulons atteindre quelque chose dans l'avenir. Et déjà, nous sommes sortis du ICI et MAINTENANT – et déjà les résistances s'installent, nous nous accrochons à gauche et à droite, par sécurité. **En dehors du ICI et MAINTENANT la vie n'offre aucune sécurité.** Un désastre peut arriver à chaque instant ; la glace peut rompre, le ciel peut s'effondrer : contre tout cela nous devons nous **assurer.** La vie en dehors du ICI et MAINTENANT est une menace constante. Notre esprit peut imaginer les choses les plus folles, et puisqu'il en est capable – souvenez-vous du chapitre « Action = Réaction » –, ces choses ont le plus souvent tendance à se produire. Malgré nos assurances et nos comptes en banque bien garnis, une chose est claire : hors du ICI et MAINTENANT, il n'existe aucune sécurité valable. Hors du ICI et MAINTENANT, la sécurité est très fragile : l'effondrement des valeurs boursières, une inondation, une guerre, une maladie mortelle, et la sécurité est balayée.

Il n'existe qu'une seule vraie sécurité, celle qui est présente en chaque être humain. Nous atteignons cette sécurité totale en vivant dans le ICI et MAINTENANT. Si nous nous en éloignons, ne serait-ce que d'une once, la sécurité disparaît.

Rien ne saurait mieux résumer le chapitre du lâcher prise que le texte suivant. Ma femme l'a écrit dans un éclair d'intuition sur un petit bout de papier. Je n'ai rien à y ajouter.

La sécurité

J'ai la plus grande sécurité qui puisse exister, la foi.
Elle me protège complètement.

Ne pas comparer sa vie avec une autre,
Chacun a ses leçons à apprendre.

La sécurité matérielle n'existe pas
si on ne croit pas en la protection complète
par notre Dieu intérieur.

De notre foi en la vie,
de notre savoir que rien
absolument rien de « mal » ne peut nous arriver
découle l'abondance de la vie.

Il suffit de vivre
d'aimer vivre chaque instant
et de ne pas se poser de questions
pour l'instant d'après.

2.5 Le sens de la vie

Certaines personnes recherchent constamment le sens de la vie, des années durant. À ce propos, une participante d'un de mes séminaires m'a raconté une jolie histoire que je désire vous faire partager.

Une amie de cette participante venait de fumer du haschisch. Alors qu'elle planait, elle eut une illumination. Elle sentait qu'à cet instant elle savait tout. Elle savait quel était le sens de la vie. Ne voulant à aucun prix perdre cette intuition, elle se précipita dans la cuisine et écrivit son illumination.

Puis elle revint dans sa chambre à coucher. Quand l'effet de la drogue se fut dissipé, elle voulut savoir ce qu'elle avait griffonné. Elle retourna donc dans la cuisine, trouva le papier et lut :

« Je suis assise dans la cuisine et j'écris. » (!)

Vous imaginez aisément l'étonnement de cette femme. Tel serait donc le sens de la vie !?

Voilà pour l'histoire.

« Je suis assise dans la cuisine et j'écris » signifie simplement vivre dans le ICI et MAINTENANT. Les bouddhistes zen expriment la même chose en disant :

« Quand je mange, je mange ;
Quand je bois, je bois ;
Quand je lis, je lis ;
etc. »

Vivre dans le ICI et MAINTENANT.

Vous voyez, vous n'avez pas besoin de drogues pour arriver à cette connaissance. Un peu de physique et de bon sens suffisent. La vie est si facile – **pourvu que nous nous concentrions sur l'essentiel.**

3. Amour

« L'amour, ô Govinda, doit tout dominer. Analyser le monde, l'expliquer, le mépriser, cela peut être l'affaire des grands penseurs. Mais pour moi, il n'y a qu'une chose qui importe, c'est de pouvoir l'aimer, de ne pas le mépriser, de ne le point haïr tout en ne me haïssant pas moi-même, de pouvoir unir dans mon amour, dans mon admiration et dans mon respect, tous les êtres de la terre sans m'en exclure.

Hermann Hesse, *Siddhartha*

3.1 L'amour, c'est...

Harmonie, science de l'Éternelle Perfection du monde, Unité, Sourire.

Hermann Hesse, *Siddhartha*

Il n'existe probablement aucun terme qui nous (aux chrétiens) donne autant de fil à retordre que l'amour.

Deux mille ans de christianisme n'ont pas suffi à éveiller notre compréhension de l'amour. Je mentionne spécifiquement le christianisme, car c'est LA religion où l'amour occupe une place centrale. Les chrétiens devraient donc savoir dans une certaine mesure de quoi il s'agit. Eh bien, non ! Combien de fois, au cours de mes discours de soixante-quinze minutes, où j'ai parlé de l'amour pendant quinze minutes, les gens se sont mis à ricaner… soixante minutes étaient consacrées à d'autres thèmes, mais on se moquait de l'amour. « Ha, ha, ha, alors maintenant on doit s'aimer les uns les autres… » Voilà qui est étange, très étrange !

Certains participants de mes séminaires me suggèrent de parler d'harmonie, de compréhension et de sympathie plutôt que d'amour. Bien sûr, ils peuvent le faire s'ils y tiennent absolument. Mais moi personnellement, je ne peux pas. **L'amour**, **c'est l'amour.** Point. Il est stupéfiant de constater toutes les combines auxquelles nous avons recours pour ne pas prononcer le mot « amour ». Nous parlons et écrivons avec facilité de la haine, de la terreur, du meurtre et du massacre ; mais lorsque nous arrivons au thème de l'amour, nous inventons les subterfuges les plus inimaginables pour ne pas le prononcer. Il semble que le mot « amour » comporte quelque chose d'indécent – contrairement au mot « haine ». Mais… dans quel monde vivons-nous en fait ?

Parfois on me demande ce qu'est cet amour, et si une chose telle que l'amour existe. Dans ce chapitre, je vais essayer de vous donner une idée de ce qu'est l'amour et de ce qu'il peut apporter.

La Terre est la planète de l'amour. À mon avis, la seule chose que nous ayons à apprendre ici, c'est « un amour plus vaste ». Toute notre vie terrestre est un processus d'apprentissage qui n'a qu'un but : nous pousser à exprimer davantage d'amour. Nous pouvons aussi le formuler différemment : tout ce qui nous arrive sert finalement le processus d'apprentissage d'un amour plus vaste. C'est la même chose que dans n'importe quelle salle de classe. Certains apprennent plus vite, d'autres plus lentement. Et ceux qui ont des résultats insuffisants doivent redoubler. Tout notre système scolaire n'est qu'un reflet du système éducatif qu'est la planète Terre.

Sans amour, rien ne fonctionnerait. L'univers ne fonctionnerait pas, il se désagrégerait tout simplement. Plus haut, nous avons vu que même la science naturelle était parvenue à l'idée que tout est UN. Et cette unité a quelque chose à voir avec l'amour. Cette unité est l'amour. L'amour est un sentiment d'unité – contrairement au sentiment de séparation qui donne naissance à la peur. Ainsi l'amour est le contraire de la peur. Vous comprenez peut-être mieux pourquoi, au début du livre, j'ai mentionné le problème de la peur. Nous sommes en train de fermer la boucle : peur-amour. Celui qui prétend que la peur est importante ou nécessaire prétend qu'il est important de ne pas avoir d'amour.

L'amour – et non la peur – est LA loi fondamentale de la vie.

Amour signifie unité ; et l'unité est plus forte que la séparation. Par conséquent, l'amour est plus fort que la peur. En d'autres termes :

L'amour est la plus grande force de l'univers.

Ce n'est pas un dogme, mais la réalité. Je vous invite à ne pas vous perdre dans des discussions sur l'amour, mais à le vivre. On peut rester des heures devant un interrupteur électrique et discuter de son fonctionnement, et s'il fonctionne vraiment. Ceci n'est qu'une perte de temps. Nous le saurons en appuyant sur le bouton. Seul le résultat compte. Les grandes discussions sur l'amour ne nous font pas avancer. Nous devons appuyer sur le bouton ; alors nous saurons si et comment l'amour fonctionne.

Si l'amour est la plus grande force de l'univers, on peut en déduire qu'il n'existe aucun problème qui ne puisse être résolu avec suffisamment d'amour. Et c'est exactement ainsi. Qu'il s'agisse de problèmes personnels ou de problèmes mondiaux comme la pauvreté, la drogue, le chômage, etc., nous pouvons résoudre tous ces problèmes avec l'amour – si nous le voulons ! Mais penchons-nous maintenant sur nos problèmes personnels et non sur ceux du monde. Il ne s'agit pas d'une attitude égoïste ; tout étant UN, nous participons à la solution des problèmes mondiaux quand nous résolvons nos propres problèmes. N'est-ce pas logique ?

Vous souvenez-vous ? J'ai dit que le potentiel humain est composé de deux facteurs : d'intelligence et d'énergie. Dans le chapitre sur le lâcher prise, nous avons découvert comment nous perdons ou bloquons inutilement de l'énergie. Maintenant, nous pouvons aussi fermer cette boucle : l'amour conduit à un maximum d'énergie et d'intelligence (la conscience ; voir le chapitre suivant). Dans l'univers, l'amour est l'énergie qui peut se créer elle-même et qui, de ce fait, est illimitée. Plus nous investissons d'énergie, plus vite nous atteignons nos buts. Et plus nous investissons d'amour, plus nous avons d'énergie. Si le lâcher prise nous aide à éviter les pertes et les blocages d'énergie, l'amour nous aide à maximiser notre énergie. **Un maximum de potentiel humain est donc atteint lorsqu'un maximum d'amour est libéré.** (Pensez à Jésus ou à Bouddha.) Par contre, le potentiel humain est le plus faible là où la peur et la haine sont les plus fortes.

Chaque pensée d'amour augmente votre potentiel et augmente l'énergie dans l'univers.

J'espère que vous commencez à voir combien toute cette histoire devient de plus en plus simple. Tout peut être ramené à l'idée d'« amour ». C'est pour cette raison qu'il me semble si important de s'occuper de cette énergie subtile, beaucoup plus que de l'énergie nucléaire ou des autres énergies du type physique. Le Mahatma Gandhi l'a démontré voici déjà plusieurs années :

« La loi de l'amour est une science beaucoup plus grande que toute autre science moderne. »

Malheureusement, nous ne considérons pas encore l'amour comme une science ; en conséquence, il manque aussi un fonds destiné à sa recherche. La raison tient certainement aussi au fait que tout le monde pense savoir ce qu'est l'amour. La vérité est que nous n'avons qu'une infime idée des possibilités offertes par l'amour et de la façon dont il fonctionne. Sinon, nous n'aurions pas autant de problèmes et de conflits.

L'amour étant unité, il est aussi absence de conflit. Où il y a unité, il n'y a pas de conflit. Et où il n'y a pas de conflit, il n'y a pas de résistance. Si vous avez le choix de résoudre vos problèmes ou d'atteindre vos buts avec un maximum ou un minimum de résistance, votre décision devrait être claire : vous choisiriez le minimum de résistance. Tout autre choix serait une perte de temps et d'énergie, n'est-ce pas vrai ? Mais dans la pratique, les choses sont très différentes. Souvent, on ne choisit pas la voie de la moindre résistance, préférant prendre des voies semées d'embûches. La voie de la moindre résistance est la voie de l'amour.

L'amour ne crée pas de résistance : selon toute logique, c'est le chemin le plus rapide vers le but.

Bien souvent, nous pensons que la lutte conduit plus rapidement au but. Mais c'est une erreur qui découle d'une perspective superficielle. Par la lutte on résout les problèmes à court terme seulement ; mais à moyen ou à long terme, elle génère plutôt de nouveaux problèmes. Mais la lutte faisant plus de bruit que l'amour, nous sommes davantage attirés par la lutte que par des stratégies d'amour. L'amour ne fait pas de bruit. Ceci n'est pas une nouvelle découverte. Déjà Lao-tseu l'exprimait dans le *Tao-tê-king*.

« Celui qui combat avec l'amour gagne ; celui qui se défend avec l'amour est invincible. Celui que le Ciel veut sauver est protégé par l'amour. »

Cela fait beaucoup penser à l'art martial japonais, l'aïkido, dont nous avons déjà parlé dans un autre contexte. À ma connaissance, il n'existe aucun adepte d'un autre sport de combat qui soit capable de battre un aïkidoka. L'un des principes de l'aïkido est de ne pas voir un ennemi dans son adversaire, de voir l'unité et non la séparation. Ce qui, en définitive, n'est rien d'autre qu'un sentiment d'amour. C'est pour cela que le fondateur de l'aïkido, O-Sensei Morihei Ueshiba, pouvait prétendre qu'il gagnait toujours, quelle que soit la force de son agresseur. Il avait reconnu clairement que la vraie victoire n'est pas la victoire sur l'ennemi, mais la victoire sur l'esprit de discorde en nous-mêmes. Celui qui possède un esprit de discorde et pense qu'il existe un ennemi a perdu d'avance.

L'amour ne connaît pas de discorde. L'amour ne connaît pas d'ennemi.

Permettez-moi encore d'ajouter quelque chose de très important à propos de l'amour. Lorsque je parle d'amour dans ce livre, j'entends par là l'amour inconditionnel. L'amour sans condition. L'amour qui aime tout simplement. Pas l'amour qui dit : « Je t'aime à condition que… tu travailles bien, que tu cuisines bien, etc. » Nous parlons ici de l'amour inconditionnel, d'un amour qui ne juge ni ne divise, d'un amour qui aime parce que tout est UN, que tout est donc Dieu ou la vie. Si tout est UN, cela veut aussi dire qu'il n'existe rien d'autre que Dieu, rien d'autre que la vie, rien d'autre que la création, quel que soit le nom que vous donniez à cette puissance. Considérez donc les choses sous cet angle : si tout est Dieu, alors c'est LA raison de tout aimer, sans jugement ni condition.

Il n'existe rien d'autre que Dieu.
Et Dieu est amour.
Et l'amour est la sécurité absolue.
La peur est l'insécurité absolue créée par l'homme.

Comme vous le savez, nous disposons du libre arbitre. C'est à nous de choisir entre l'amour (force) et la peur (faiblesse). Ma recommandation :

Si,
contre toute raison humaine,
contre toute habitude,
contre tous les mécanismes de défense,
contre toute opposition superstitieuse,
contre d'innombrables enseignements,

vous êtes prêts à affirmer : **je veux aimer**

alors vous marchez dans la Lumière, et rien, absolument rien de « mal » ne pourra vous arriver.

C'est comme cela, parce que l'amour est la plus grande force de l'univers. Cela ne peut pas être autrement.

Considérez ce que Gautama Bouddha a dit à propos de l'amour et de l'aide aux nécessiteux :

« Réserver cinq minutes à l'expression du véritable amour divin est un acte plus grand que de distribuer mille bols de nourriture aux nécessiteux, car, en cultivant l'amour, on aide chaque âme dans l'univers. »

Bien sûr, Bouddha savait que tout est UN. L'amour est le plus grand pouvoir. Il ne connaît ni limites ni frontières. La distribution de mille bols de riz est une action très limitée.

Qui que vous vouliez aider, vous avez là la méthode la plus puissante, la plus simple, la plus rentable et complète. Ne vous servez pas de l'excuse que c'est trop simple. Faites-le, c'est tout. Ensuite vous verrez combien c'est simple ! Attention : c'est encore plus facile de dire : « C'est trop facile », et d'éviter ainsi l'expérience pratique de l'amour.

Je connais le problème que beaucoup de gens éprouvent à cet égard. Celui qui exprime « le véritable amour divin » durant cinq minutes, vous ne le voyez pas, vous ne l'entendez pas, et vous ne le verrez jamais à la télévision. En conséquence, il ne peut pas satisfaire son ego, parce que personne n'est là pour le féliciter de sa conduite. Mais c'est bien lui qui aide vraiment. Toute autre aide est simplement une illusion, faite pour tranquilliser notre conscience, pour nous persuader combien nous sommes bons, mais cela n'aide pas vraiment les gens. Entre-temps, nous aurions dû nous en rendre compte ! En toute sincérité, n'est-il pas plus simple de verser de temps en temps une certaine somme à une œuvre charitable que d'irradier le véritable amour pendant cinq minutes chaque jour ? Si c'était si simple d'envoyer de l'amour, tout le monde le ferait, et tous les problèmes seraient résolus, n'est-ce pas ?

Nous pouvons donc affirmer :

- L'amour est une énergie illimitée.
- L'amour est le plus grand pouvoir de l'univers.
- L'amour est plus fort que le combat.
- L'amour est sécurité absolue.
- L'amour est unité, et non séparation.
- L'amour est la réponse à toute question.
- L'amour est la solution à tout problème.

Que l'on n'ait pas réalisé cela jusqu'à maintenant, c'est une question de notre conscience. Voilà pourquoi nous allons aborder ce thème dans le chapitre qui suit.

3.2 De la conscience sociale à la conscience cosmique

Lorsque je parle de conscience, j'entends par là tout ce dont nous sommes conscients.

Exemple :

Nous sommes conscients de vieillir ; nous sommes conscients que dans le monde, il existe beaucoup d'agressions ; nous sommes conscients des dangers inhérents à la conduite d'une voiture ; etc. Tous les exemples mentionnés proviennent de la conscience sociale. Cette conscience sociale est caractérisée par la peur, les doutes, le manque de confiance, les critiques, les combats, la haine, l'inquiétude vis-à-vis de la maladie, des accidents, de la vieillesse, de la mort, etc. C'est ce que j'appelle « la conscience sociale ». On peut aussi parler de gens à l'esprit étriqué. Ce sont des gens possédant une conscience étroite, qui ne perçoivent que quelques détails dans toutes les possibilités offertes par la vie.

Une chose devrait être claire : plus notre conscience est large, plus il nous est facile d'atteindre nos buts et de résoudre nos problèmes, parce que nous avons une conception plus large des choses. En fin de compte, davantage de conscience signifie simplement davantage d'intelligence. C'est l'un des facteurs de notre potentiel. Par conséquent notre but doit être d'élargir le plus possible notre conscience. Le maximum d'élargissement de conscience que nous puissions imaginer s'appelle « conscience cosmique » ; cela signifie que nous sommes conscients du cosmos. Pour nous le cosmos représente la totalité de toutes choses. Et comme nous l'avons vu, tout est UN ; la conscience cosmique est la conscience de l'unité de toute vie. Il est peu probable qu'on puisse atteindre davantage.

Cela nous amène à la question suivante : « Comment élargir ma conscience ? Comment passer d'une vision limitée à une optique beaucoup plus vaste de la vie ? »

La réponse est simple : par l'amour.

L'amour conduit à l'élargissement de la conscience, alors que la peur ou la haine la rétrécissent. Si nous comparons la conscience d'un être humain à un vase, on trouve en bas la conscience sociale étriquée et en haut la conscience cosmique élargie. L'amour tire vers le haut, la haine tire vers le bas. **Si nous voulons voler et nous élever au-dessus de nos soucis, il n'y a qu'une recette : davantage d'amour.**

Dans le chapitre 3.1, j'ai dit que la terre était une école d'amour. Ceci coïncide avec les dires de Teilhard de Chardin et les récentes découvertes de la physique nucléaire. Pour Teilhard de Chardin, tout évolue en direction d'un point oméga. Ce point oméga peut être comparé à la conscience cosmique. Pour le physicien Charon aussi, tout évolue vers plus de conscience, et plus de conscience ne signifie rien d'autre que plus d'amour. Tout (humains, animaux, plantes) évolue vers plus d'amour, vers plus de conscience.

Cette question de conscience a des conséquences importantes. Tout d'abord, nous pouvons en déduire que toutes les possibilités, de la plus petite à la plus vaste des consciences, sont contenues en chaque être humain. Ces possibilités attendent d'être reconnues et portées à la lumière.

L'amour est la manière d'amener ces possibilités infinies à la lumière. Chaque fois que nous sommes incapables d'accepter des gens ou des situations, nous bloquons notre progression vers une conscience plus vaste.

En conséquence, le mieux que puisse faire l'être humain dans son propre intérêt, c'est d'aimer tout ce qui lui arrive. C'est la voie la plus rapide vers son propre développement.

Voici ma plus chaude recommandation : n'oubliez jamais cette phrase. (Je n'ai jamais pu comprendre comment, dans les entreprises, certains experts peuvent parler du développement de la personnalité sans jamais utiliser le mot « amour ».)

Par ailleurs, nous pouvons partir du principe que toutes les possibilités contenues dans notre conscience peuvent se matérialiser. Si nous retournons cette phrase, nous pouvons peut-être mieux en mesurer la portée des conséquences.

Ce qui n'existe pas comme possibilité dans notre conscience ne peut pas se matérialiser.

Vous vous rendez compte ? Je vais vous donner quelques exemples : si la conscience du vieillissement n'existait **pas** dans notre conscience, nous ne vieillirions pas. Mais l'idée du vieillissement existe dans la conscience dès l'enfance, donc il a bien lieu. Autre exemple : Si l'idée d'agression ou d'un monde dangereux n'existait **pas** dans notre conscience, nous ne serions jamais « victimes » d'agressions. Mais dès l'instant où la moindre pensée d'agression naît dans notre conscience, nous ouvrons la porte à la possibilité d'être attaqués. Vous pouvez aussi considérer les choses ainsi : s'il existait seulement l'idée de l'amour dans notre conscience, rien de « mal » ne pourrait nous arriver. **Il nous arrive seulement ce qui existe comme possibilité dans notre conscience ; rien d'autre ne peut se produire.**

Question : que contient votre conscience ?

S'il y a des idées de maladie, d'accidents, d'échecs, de récession, etc., dans votre conscience, alors vous risquez que ces choses se produisent.

Si ces idées n'ont pas de place dans votre conscience, ces choses ne pourront pas vous arriver.

L'histoire d'un prêtre catholique de plus de soixante-dix ans en est un excellent exemple. Il vivait à New York et avait l'habitude de traverser de nuit des quartiers que même des chauffeurs de taxi n'osaient pas fréquenter. Il n'arriva jamais rien à cet homme, pas même la moindre agression. La raison en est évidente : dans sa conscience, il n'y avait aucune pensée d'agression ou de danger. Sa conscience n'était imprégnée que de pensées d'amour. Qu'aurait-il pu lui arriver ? N'avons-nous pas dit que l'amour est le plus grand pouvoir du monde ? N'avons-nous pas dit également qu'il n'y a pas de coïncidences ? Personne ne se fait attaquer par hasard. On se fait seulement attaquer si l'idée d'attaque ou d'agression existe en nous. Mais hélas, la conscience de la plupart des êtres humains n'étant pas remplie d'amour mais plutôt d'agression, ces choses se produisent en toute logique. Je dirais presque qu'elles se produisent avec une précision mathématique.

Connaissez-vous l'histoire du calife Omar ?

Quelqu'un voulait faire du mal au grand calife Omar d'Arabie. Bien qu'il fût roi, Omar ne vivait pas dans ses palais, mais préférait la nature. L'homme qui voulait tuer Omar le savait et pensait : « Cela va me faciliter la tâche. »

Quand il arriva près de l'endroit où Omar était assis, il remarqua quelque chose d'étrange. Plus il s'approchait, plus son attitude (conscience !) changeait. Lorsque Omar fut à sa portée, sa dague lui échappa des mains et il dit : « Je ne peux pas te blesser. Dis-moi, quel est donc le pouvoir qui m'empêche de poursuivre mes intentions ? » Le calife répondit : « Mon unité avec Dieu. »

Omar n'entretenait pas la moindre notion de séparation dans sa conscience. Il n'avait que de l'amour (UNITÉ) ; il ne pouvait pas être blessé. Personne ne peut être blessé par accident. Il ne s'agit pas d'une jolie petite histoire, mais de la réalité concrète et quotidienne. Ce qui n'existe pas dans notre conscience ne peut pas se concrétiser.

Prenez deux personnes qui parlent d'une ville particulière. L'une d'elles dira (pensera) : « C'est une ville dangereuse. » L'autre dira (pensera) : « C'est une ville merveilleusement calme. » Les deux ont raison. Les deux vont faire l'expérience de cette ville : dangereuse pour l'une, calme pour l'autre. Le monde est ce qu'on en pense. Ou comme Jésus l'affirmait : « Il en sera fait selon votre foi. » Remplacez le mot « foi » par le mot « conscience ». Cela signifie alors :

Ce qui vous arrive dépend de ce qui existe dans votre conscience. Y a-t-il plus d'amour ou plus de peur, d'agression, de lutte et de défense dans votre conscience ? On peut aussi partir de l'idée que les gens ayant des consciences similaires s'attirent les uns les autres. Ainsi vous ne rencontrez pas les gens par hasard ; vous rencontrez les gens qui pensent comme vous.

Observez différents peuples. Certains ont une conscience de pauvreté, alors que d'autres ont une conscience d'abondance. En pensant à l'affirmation deux fois millénaire : « Il en sera fait selon votre foi », ces peuples récoltent ce qu'ils croient.

Le problème de la pauvreté ne pourra pas être résolu par la simple distribution de nourriture (considérez l'affirmation de Bouddha sur les cinq minutes). Le problème de la pauvreté – comme tous les problèmes – peut seulement être résolu par un changement de la conscience des personnes concernées. L'aide qui pourrait réellement apporter un changement devrait porter sur le changement de la conscience.

Tout est une question de conscience.

Si vous vous énervez à propos d'une autre personne, si vous entretenez donc cette colère dans votre conscience, vous restez « collé » à cette personne. Si vous voulez vous en libérer, vous devez changer votre état de conscience. Aimez-la, ou acceptez-la comme elle est – et vous serez délivré (en conscience et en acte).

Je réitère ma recommandation :

Quoi qu'il arrive, aimez-le.

L'amour conduit à un élargissement de conscience, et donc à une aptitude à réaliser tout ce qu'on désire plus rapidement que par n'importe quelle méthode, car l'amour est absence de conflit. Ainsi la vie peut couler à sa plus grande vitesse. Celui qui n'aime pas bloque son niveau de conscience et entrave son développement. Celui qui n'aime pas bloque son intelligence et son énergie – et donc le développement de son potentiel humain. Il s'expose alors à toutes sortes d'influences inconfortables (agressions, insécurité, échecs, etc.). Aussi « mauvais » que le monde puisse être, il n'a aucune influence sur l'être humain qui dispose de suffisamment d'amour.

Votre unique limitation, c'est votre manque d'amour.

Vous rappelez-vous ? J'ai affirmé que le potentiel humain est illimité. En voici une raison supplémentaire. Personne ne peut me prouver que l'amour est limité. Il n'existe donc aucune limite au potentiel humain – à votre potentiel. Chaque être humain est illimité.

Mais pour accéder à ce potentiel, nous devons sortir du rêve de la conscience sociale. Nous devons cesser de penser ce que la majorité des gens pense.

Nous devons cesser de ne dire que des choses agréables pour ne pas blesser les sensibilités. Nous devons commencer à penser entièrement par nous-mêmes, indépendamment de tout ce que les parents, l'école, les voisins ou les médias ont pensé pour nous. Nous devons devenir adultes dans l'utilisation de notre pensée.

Ce que « les autres » pensent de vous n'est pas important. Ce que vous pensez des autres a une certaine importance parce que tout est UN, et parce que le monde est ce que vous en pensez. Mais le plus important, c'est ce que vous pensez de vous-même. Ceci nous amène au chapitre suivant.

3.3 Aime ton prochain comme toi-même

Cette phrase devrait être familière à tout chrétien. Mais à ma connaissance, la plupart des gens se concentrent presque sans exception – s'il leur arrive de se concentrer – sur la première partie de cette phrase. À mon avis, la seconde partie de la phrase est plus importante. Pourquoi ?

Celui qui ne s'aime pas lui-même ne peut pas aimer les autres. Auparavant, j'ai expliqué pourquoi il est si important d'aimer tout ce qui nous arrive (gens et situations). Pour y parvenir, nous avons avant tout besoin d'amour pour nous-mêmes. Cela n'a rien à voir avec de l'égoïsme, si vous vous souvenez que toute personne mérite autant d'amour que vous-même.

Selon le Principe LOL²A, la qualité la plus importante, par exemple, pour un supérieur hiérarchique est l'amour pour lui-même. S'il n'en est pas capable, il ne sera pas non plus capable d'aimer ses subordonnés – il n'arrivera pas à les diriger. Ses problèmes et ses conflits se répercuteront sur son travail, avec toutes les conséquences négatives qui pourront en découler. Celui qui s'aime est en harmonie avec lui-même, il ne projettera pas de conflits à l'extérieur.

De plus nous avons vu que l'amour conduit à un élargissement de la conscience. Un élargissement de la conscience est synonyme d'un accroissement de la connaissance. Qui n'a jamais entendu la maxime grecque : « Homme, connais-toi toi-même » ? Comment peut-on se connaître ? Comment peut-on découvrir son propre potentiel ?

Il n'y a qu'une réponse : par l'amour pour soi-même.

Mais pour mieux se connaître, que font beaucoup de gens ? Ils s'analysent ou se font analyser. D'après nos réflexions, cela n'est évidemment pas la meilleure voie vers la connaissance de soi-même. Vous faire analyser indique un manque d'amour envers vous-même. Celui qui s'aime réellement n'a pas besoin de se faire analyser. L'analyse découpe en morceaux et ne conduit certainement pas à d'aussi bons résultats que l'amour pour soi-même. Dans bien des cas, la personne ayant subi une analyse se concentre beaucoup plus sur ses faiblesses supposées que sur ses forces. Gardez cela clairement à l'esprit :

L'analyse divise en morceaux distincts ; il en résulte le conflit. L'amour rassemble, l'amour est unité ; il en découle l'harmonie.

Pour des raisons purement logiques, l'amour est de loin supérieur à l'analyse ; de plus, son application consomme moins de temps et d'argent. L'amour est donc beaucoup plus économique que l'analyse. Imaginez un peu ce que tout cela implique pour une entreprise, quel est le potentiel libéré ou bloqué suivant que des centaines ou des milliers d'employés s'aiment ou ne s'aiment pas. J'ai connu une entreprise qui avait procédé à l'analyse de ses employés afin de connaître leurs forces et leurs faiblesses, et afin d'encourager les plus doués. Cette entreprise a eu de gros problèmes internes ; les employés se sont davantage concentrés sur leurs faiblesses que sur leurs points forts, ce qui ne favorise nullement l'amour pour soi-même.

C'est incroyable tout ce que l'on peut détruire ainsi. Par contre je connais une autre entreprise qui n'a jamais eu l'idée de procéder à l'analyse de ses employés.

L'approche du management se résumait à : « Nous aimons nos employés. » Cette attitude encouragea bien sûr l'accroissement du potentiel des employés. En quelques années, l'entreprise enregistra une croissance nettement au-dessus de la moyenne.

Considérez aussi la chose suivante : celui qui s'aime lui-même aime le monde entier par et en lui-même. Pourquoi ? Parce que tout est UN.

Au début du livre, j'ai expliqué qu'une seule question m'intéressait : comment passer d'un état présent à un état désiré en un minimum de temps et d'efforts ?

Nous avons vu que cela nécessite deux « choses » : intelligence et énergie.

Nous venons de voir ce qui conduit à un maximum d'intelligence et d'énergie : l'amour. Et vu que tout commence toujours par soi-même, nous pouvons également préciser : l'amour de soi.

Voici donc la seule réponse valable à notre question centrale :

L'amour, de soi et de tout ce qui est, permet d'atteindre n'importe quel but en un minimum de temps et d'efforts.

Pensez à un exemple tout simple : la perte de poids. Il n'existe aucun moyen plus rapide, plus simple et plus économique pour perdre du poids que de s'aimer soi-même, c'est-à-dire de s'accepter comme on est (avec le poids en trop).

Il en est de même pour un vendeur. Il n'existe aucun moyen plus rapide, plus simple et plus économique pour vendre davantage que de s'aimer soi-même. Il en découle l'amour pour ses clients et, bien entendu, pour ses produits.

Il en est de même pour une personne malade. Il n'existe aucun moyen plus rapide, plus simple et plus économique pour recouvrer la santé que l'amour de soi-même. Attention : je n'ai pas dit qu'il fallait cesser d'aller chez le médecin. J'ai dit que l'amour de soi-même favorise particulièrement la guérison.

On pourrait multiplier ces exemples à l'infini ; il s'agit toujours de l'application du même principe. Le physicien J.-É. Charon, que j'ai déjà cité à plusieurs reprises, le résume ainsi :

« L'amour est le processus le plus simple et le plus efficace pour augmenter la connaissance de l'univers. »

Il n'y a rien de plus simple que l'amour.
Il n'y a rien de plus efficace que l'amour.

Imaginez cela ! Le monde/l'univers est organisé d'une façon tellement géniale. L'amour est à l'origine de tout.

Il n'existe aucune affirmation plus radicale que :

« Aime ton prochain comme toi-même. »

À mon avis, dans toute l'histoire humaine, on ne trouve pas une phrase qui comporte autant d'implications que celle-là. Et dans toute l'histoire de la physique, on ne trouve aucune affirmation plus impressionnante que celle de Charon. C'est la supraconductivité par excellence.

Mais prenez garde au mot « prochain » : tout étant UN, chaque UN est votre prochain. Non seulement les êtres humains, mais le tout : animaux, plantes, minéraux, tout. Dans un autre contexte, nous avons vu que tout est doté de conscience – même les pierres et les plantes.

La première fois que j'ai expérimenté et appliqué consciemment cette affirmation, j'étais embourbé dans les conflits jusqu'au cou. Des conflits avec des employés, des clients et des fournisseurs. Chaque soir, je me retrouvais exténué, car les conflits nécessitent beaucoup d'énergie et rongent la santé. Je ne voulais plus continuer ainsi, selon les méthodes traditionnelles, alors j'ai dû trouver une tout autre approche : l'amour. Voilà comment j'ai procédé : je me suis dit que j'accordais chaque jour plusieurs minutes à mon hygiène physique ; pourquoi ne pas en accorder autant à mon hygiène spirituelle ? Ainsi j'ai décidé d'envoyer pendant cinq minutes chaque matin des pensées d'amour aux gens avec lesquels j'entretenais des conflits. Je visualisais ces gens et leur envoyais de l'amour. Après quelques jours, je me suis dit que si j'avais cinq minutes le matin, je pouvais tout aussi bien réserver cinq minutes le soir. Ainsi, chaque matin et chaque soir pendant cinq minutes ou plus (c'était souvent plus), j'envoyais de l'amour. Le résultat a été impressionnant : après trois mois, tous les conflits étaient résolus à la satisfaction de tous les intéressés. Quand on résout les conflits de cette façon, on ne connaît pas de perdants ; seulement des gagnants. En fait, un conflit n'est pas résolu, s'il reste un perdant. Les sentiments négatifs du perdant auront d'inévitables conséquences, conduisant à de nouveaux conflits.

Un homme m'a raconté l'expérience suivante : il devait souvent participer aux réunions d'un conseil d'administration. À la fin de ces réunions, il était toujours épuisé, vidé de toute énergie. Un jour, il décida lui aussi d'utiliser une « méthode » plus radicale. Durant toute la séance, il ne prononça pas un mot, se « contentant » de penser : « Je vous aime. » Il fut complètement stupéfait du résultat. À la fin de la séance, deux participants vinrent à lui et le remercièrent de ce qu'il avait dit. Il fut tellement surpris qu'il ne sut quoi répondre. Après cette réunion, il se sentait en pleine forme – de même que les autres participants bien sûr.

Encore une fois, pensez bien à ceci : si vous envoyez de l'amour à une autre personne, vous envoyez de l'amour à vous-même et au monde entier, car tout est UN. En d'autres termes : cela n'a aucune importance à qui vous envoyez de l'amour – à chaque fois l'univers entier en bénéficie. Cela veut dire que votre amour favorise aussi le processus de paix de tous les conflits militaires dans le monde. C'est loin d'être insignifiant !

Voici donc votre meilleur contribution à la solution des conflits dans le monde :

Aimez-vous vous-même et aimez les autres.

3.4. La cause de tous les problèmes humains et comment les vaincre

Après tout ce que nous avons vu jusqu'à présent, la réponse devrait être évidente. Quelle est la cause fondamentale de tous les problèmes humains ?

C'est l'idée de séparation. Comme nous l'avons vu, cette séparation est une illusion ; il n'y a pas de séparation dans l'univers ; il n'y a pas de séparation entre vous et moi ; il n'y a pas de séparation entre vous et tous les autres êtres humains. L'idée de séparation est une illusion qui mène inévitablement aux conflits, donc aux problèmes. On devrait maintenant se poser la question suivante : pourquoi créons-nous cette séparation ? Quelle en est la raison ? Une fois encore la réponse est simple : cela vient d'un manque d'amour ! L'amour est un sentiment d'unité, l'idée de séparation est un manque d'amour.

Partout où l'idée de séparation devient trop présente, les problèmes surviennent. Pensez par exemple à la séparation entre l'homme et la nature. Nous commençons à comprendre que l'homme fait partie de la nature, et que les deux forment une unité ; et déjà notre conception du monde a changé. Celui qui se sent UN avec autre chose traite cette autre chose de façon différente que s'il en est séparé.

Pensez aussi à la séparation entre l'homme et la femme. Là où l'idée de séparation devient trop évidente, les problèmes surgissent. Ou bien pensez à la séparation entre les religions. Combien de guerres ont été menées pour cette raison ? Pensez également à la séparation entre le management et les employés ; quand le fossé de séparation devient trop large, vous pouvez vous attendre à des problèmes.

Cette idée de séparation naît en nous-mêmes. Nous avons établi en nous-mêmes cette séparation entre la tête et le cœur, entre l'intellect et l'amour. Nous avons rejeté l'amour au profit de l'intellect. Nous avons adoré le « dieu de l'intellect » et ainsi nous avons ouvert la porte à tous les problèmes connus. Si nous créons la séparation en nous, nous projetons automatiquement cette séparation à l'extérieur. Ce qui est de nouveau lié au principe que tout est UN. Si je suis séparé en moi-même, je perçois aussi le monde de manière séparée. Un grand nombre de gens souffrent de cette séparation. Et quand cette souffrance devient insupportable, le pas vers la drogue est vite fait. À mon avis, les toxicomanes sont des êtres particulièrement sensibles à la recherche de l'unité. Vu sous cet angle, les drogués sont un miroir de notre société. Une fois encore, le problème de la drogue ne peut être résolu qu'à l'aide de l'amour et cela veut dire : par le rétablissement de l'idée de l'unité de la vie !

Nous voici revenus au résultat déjà mentionné pour la solution de tout problème : la clé se trouve en chaque être humain, et non quelque part dans le monde extérieur.

Pour vaincre tous les problèmes, il vous faut vaincre l'idée de séparation en nous-mêmes, ce qui implique plus d'amour envers nous-mêmes et envers tout ce qui est. En une phrase :

« Aime ton prochain comme toi-même. »

Même d'un point de vue scientifique ou économique on ne peut rien exprimer d'autre.

3.5. La gratitude – une dimension oubliée

La gratitude est l'application pratique de l'idée de l'amour. Seul celui qui dispose de suffisamment d'amour peut remercier. Celui qui manque d'amour n'éprouve pas de gratitude. La gratitude est donc bien une expression de l'amour.

Voici ce que Joachim-Ernst Berendt dit à propos de la gratitude et de la musique, dans son livre *Nada Brahma, Die Welt ist Klang* (Le monde est son) :

« Toute musique est avant tout une louange adressée à Dieu. On retrouve cette idée dans les conceptions de la musique de presque tous les peuples du monde. »

La musique est une expression de gratitude, et par conséquent une expression d'amour. Évidemment presque tous les peuples ont eu l'intuition de la signification cosmique de l'amour. L'absence de gratitude est un manque de respect à l'égard de la vie. **Comment pouvez-vous espérer les récompenses de l'existence si vous ne respectez pas la vie et n'éprouvez pas de gratitude à son égard ?** Là encore on voit la loi action = réaction.

Je tiens beaucoup à répéter l'importance des aspects économiques de l'amour, et donc de la gratitude. À ce propos, voici un exemple presque incroyable : il s'agissait d'une équipe de vendeurs. Ces vendeurs devaient établir une moyenne de 40 contacts de vente par jour. Ces 40 contacts débouchaient en moyenne sur quatre démonstrations (pour des aspirateurs). Seule une démonstration sur quatre débouchait sur une vente. Parmi ces vendeurs pourtant, il y en avait un qui obtenait des résultats tout à fait différents. Il n'établissait pas plus de douze contacts de vente par jour. Ceux-ci toutefois conduisaient à six démonstrations. En fin de compte il arrivait à réaliser trois ventes. On en reste bouche bée : avec le tiers des efforts des autres vendeurs, cet homme vendait trois fois plus ! Comme chaque vendeur travaillait sur commission, cela signifie que **cet homme gagnait trois fois plus que la moyenne des autres vendeurs !** Comment s'y prenait-il ? Celui qui connaît le Principe LOL^2A sait bien sûr que ce succès est dû à l'amour. En termes concrets, le vendeur moyen se fâche quand il essuie un refus sur le pas de la porte. Comme nous l'avons vu, la colère est une perte d'intelligence et d'énergie, et les résultats sont à l'avenant. Le vendeur moyen devait établir beaucoup de contacts avant d'aboutir à une vente. Le vendeur mentionné plus haut, par contre, rendait aussi grâces (intérieurement) pour les contacts qui ne débouchaient pas sur une démonstration. **Il aimait tout, il était toujours reconnaissant.**

Remercier pour une nouvelle commande n'est pas un art. Cela même les vendeurs moyens le font. Le vendeur exceptionnel se montre aussi reconnaissant en cas d'échecs apparents. Voilà la grande différence.

Ce ne sont ni des connaissances spécifiques, ni des techniques de vente particulières qui permettent ces résultats au-dessus de la moyenne. Non, il s'agit d'une certaine attitude intérieure. Une attitude d'amour et de gratitude à l'égard de la vie.

Celui qui aime la vie et ressent de la gratitude sera récompensé en conséquence par la vie. Il s'agit simplement d'une application de la loi universelle action = réaction. En réalité, l'ensemble du Principe LOL^2A est contenu dans l'attitude de la gratitude à l'égard de la vie. En vertu de la loi action = réaction la gratitude agit en retour. Celle-ci est une forme de lâcher prise qui permet à la vie de circuler et de se transformer.

Elle est essentielle pour atteindre un but. La gratitude est une expression de l'amour universel, de l'attitude la plus simple et la plus puissante qui existe dans l'univers.

Voltaire a peut-être deviné lui aussi, il y a deux cents ans, la valeur cachée de la gratitude.

Dans son œuvre magistrale, *Candide ou l'Optimisme*, Voltaire a couché sur papier quelques pensées intéressantes à propos de la gratitude, des pensées à l'impact inégalable. Candide visite la contrée d'Eldorado et demande à un vieillard si ce pays possède une religion. « Comment donc en pouvez-vous douter ? répond le vieil homme, est-ce que vous nous prenez pour des ingrats ? » Modestement, Candide demande quelle est la religion pratiquée en Eldorado. En entendant cela, le vieil homme rougit et dit : « Est-ce qu'il peut y avoir deux religions ? Nous avons, je crois, la religion de tout le monde ; nous adorons Dieu du soir jusqu'au matin. » Candide veut alors savoir si, en Eldorado, on adore un Dieu unique. « Apparemment, répond le vieillard, qu'il n'y en a ni deux, ni trois, ni quatre. Je vous avoue que les gens de votre monde font des questions bien singulières. » Candide continue à harceler le vieillard de questions. Il veut savoir comment les gens d'Eldorado font pour prier Dieu. « Nous ne le prions point, répond le bon et respectable sage ; nous n'avons rien à lui demander, il nous a donné tout ce qu'il nous faut ; nous le remercions sans cesse. » Curieux, Candide cherche à voir des prêtres et demande où ils sont. Le bon vieillard sourit. « Mes amis, dit-il, nous sommes tous des prêtres ; le roi et tous les chefs de famille chantent des cantiques d'actions de grâces solennellement tous les matins, et 5 000 ou 6 000 musiciens les accompagnent. »

N'est-ce pas étonnant ? Il faut encore ajouter que l'importance de la richesse du pays d'Eldorado, telle que Voltaire l'a décrite, était inimaginable. Les verres étaient de diamants, et les cailloux étaient ce que nous appelons de l'or ou des pierreries.

Est-ce que cela ne vous rappelle pas le souverain le plus riche de tous les temps, le roi Salomon ? Et comment appelait-on le roi Salomon ? Le Sage ou le Roi de l'Amour.

Pour éviter tout malentendu, je tiens à répéter : l'amour et la gratitude n'ont rien à voir avec la faiblesse et la pauvreté – bien au contraire. L'amour a beaucoup plus à voir avec la puissance et la richesse. Ce n'est rien que logique ; si l'amour est le plus grand pouvoir de l'univers, il serait absurde de croire que l'amour ait quoi que ce soit à voir avec la pauvreté et la faiblesse. Il n'y a pas de pénurie dans l'univers, il y a abondance, parce que l'amour est à l'origine de tout ; et l'amour n'a pas de limites. Avec ses pensées limitées et limitantes, l'homme a créé la pénurie et la pauvreté. Ainsi, la pauvreté découle aussi d'un manque d'amour.

Regardez autour de vous :

Pauvreté, famine, sida, drogues, chômage, conflits armés, agressions, etc. ; tout cela est une conséquence d'un manque d'amour, d'un manque de gratitude. En conséquence, ces problèmes ne seront pas et jamais résolus si nous ne sommes pas prêts à remettre l'amour en question. Toute recherche de solutions doit tenir compte de l'amour, sinon il ne s'agit que d'un exercice superficiel qui pourra amener quelques résultats à court terme, mais ne fera qu'accroître les problèmes à moyen et à long terme. Quand il y a un manque d'amour, les problèmes s'aggravent. Il n'est pas nécessaire d'être prophète pour s'en rendre compte !

Je désire attirer votre attention sur ceci : les affirmations précédentes n'ont rien à voir avec la foi. Ce sont des faits que **chacun** peut vérifier dans sa propre vie.

Quelle que puisse être l'importance de vos problèmes, si vous arrivez **dès maintenant** (pourquoi attendre demain ?) à rendre grâces pour tout ce qui vous arrive, votre vie se trouvera complètement transformée – d'une façon que vous n'auriez jamais crue possible. Le laps de temps qui vous sera nécessaire pour cette transformation dépendra de la conviction et de l'intensité avec laquelle vous serez capable de ressentir de la gratitude pour **tout ce qui vous arrive.** (Et même si ça prenait trois ans, qu'est-ce que trois ans dans la vie d'un homme ?)

Quatrième partie

Un regard en arrière, un regard vers l'avant

1. Résumé

J'ai essayé de développer le Principe LOL^2A en trois étapes. Beaucoup d'éléments distincts au départ ont fini par former un tout. Chacun de ces éléments revêt une importance différente pour des personnes différentes, certaines trouveront telle partie particulièrement importante, d'autres telle autre. Chaque lectrice et chaque lecteur devrait faire son propre résumé des chapitres précédents. Par exemple, vous pourriez essayer de résumer en une phrase ou en quelques mots ce qui vous a paru l'essentiel.

Pour vous aider, voici quelques suggestions :

Variante 1 : Le résumé le plus évident serait bien sûr LOL^2A :
Lâcher prise, amour, action = réaction.

Variante 2 : Aime ton prochain comme toi-même.
Avec cela, tout est dit. Six mots qui peuvent changer votre vie.

Variante 3 : Je sais.
C'est simple.
J'aime.
Voici trois affirmations qui peuvent changer votre vie.

Variante 4 : Je suis responsable.

Avec cela, vous faites un saut quantique dans votre développement.

Variante 5 : MAINTENANT

Vivre dans le ICI et MAINTENANT.
L'état idéal de vie qui conduit à un maximum d'intelligence et d'énergie.

Si vous réfléchissez à toutes ces possibilités, vous ne pouvez pas manquer d'aboutir à la conclusion suivante :

« Il n'y a rien de plus important au monde que ce que je pense MAINTENANT. »

2. La grande erreur : « Vous serez comme Dieu »

On entend ou lit parfois : « Vous serez comme Dieu. » Mais si l'on passe en revue tout ce qui a été dit dans ce livre, on doit en conclure que cette phrase n'est pas tout à fait exacte.

Si tout est **UN,** en toute logique cela veut dire que nous sommes **UN** avec Dieu. Nous sommes **UN** avec cette puissance omnipotente, cette connaissance omnisciente et cette puissance d'amour illimitée. En conséquence, nous ne serons pas comme Dieu, nous sommes Dieu. C'est logique, n'est-ce pas ?

Cette erreur a des conséquences désastreuses. La phrase « Vous serez comme Dieu » renvoie à un futur éloigné l'état d'être Dieu. Elle va de pair avec l'idée que nous avons encore un chemin considérable à faire avant d'y arriver. C'est l'astuce de nombreuses méthodes, de religions, de gourous, etc. D'un côté, ils nous collent l'étiquette de « pécheurs » et, de l'autre, ils nous expliquent que dans un avenir très éloigné « nous serons comme Dieu ». Et bien sûr, ces gourous connaissent la route épuisante qui conduit à ce but. Ce qui est très pratique dans cette histoire, c'est que personne n'atteindra jamais le but, car il est beaucoup trop éloigné. Personne ne pourra donc prouver que le gourou avait tort. L'idée « Vous serez comme Dieu » a le même effet qu'un bâton de 50 centimètres fixé sur la tête d'une personne, avec une saucisse au bout. Personne n'arrivera à atteindre la saucisse.

Je répète : « Vous serez comme Dieu » est la meilleure garantie pour ne jamais le devenir !

N'oubliez pas non plus que le temps n'existe pas dans l'univers. Le temps est une illusion, un mauvais piège dans lequel nous sommes tombés. Tout est UN : passé, présent et futur. Dans la vie, il n'existe que le MAINTENANT. Soit nous sommes Dieu ICI et MAINTENANT, soit nous ne le serons jamais.

Nous sommes Dieu MAINTENANT.

Nous avons seulement oublié que nous sommes Dieu. Nous avons oublié que nous sommes omnipotents, omniscients et que nous sommes amour.

En conséquence, nous n'avons rien de nouveau à acquérir : nous sommes déjà TOUT !

Nous devons simplement saisir que nous sommes déjà TOUT. Nous devons juste nous débarrasser des béquilles qui nous empêchent de vivre cet état de Dieu.

La perception a quelque chose à voir avec la connaissance. La connaissance est une question de conscience. Et comme nous l'avons vu, l'amour provoque l'élargissement de la conscience. Chaque être humain est une source d'amour. Il ne va pas devenir une source d'amour ; non, il est une source d'amour ICI et MAINTENANT.

Si vous êtes tenté de penser que vous n'êtes pas encore prêt et que vous avez encore beaucoup de travail à faire sur vous-même – beaucoup d'entraînement –, alors je souhaite attirer votre attention sur l'un des principes fondamentaux de la vie : le monde est ce que vous pensez de lui. Si vous estimez devoir travailler intensément et longtemps sur vous-même, alors soit. C'est votre vérité. Elle ne vous apporte qu'une chose : l'assurance de ne jamais atteindre votre but. Si vous êtes convaincu que la voie est longue et semée d'embûches, alors la voie est longue et semée d'embûches – pour vous !

Ne vous laissez jamais persuader par de pareilles idées – et même si une centaine de gourous fait pression sur vous –, je vous en prie : pensez par vous-même. (Je n'ai rien contre les gourous, mais j'ai quelque chose contre une dépendance envers eux.)

Si vous pensez que Dieu n'existe pas, c'est votre vérité, et les effets sur votre vie seront à l'avenant.

Si vous pensez que vous serez comme Dieu dans un avenir lointain, c'est votre vérité – et en conséquence vous ne serez jamais comme Dieu, car l'avenir lointain n'arrivera jamais.

Si vous pensez que vous êtes un pauvre pécheur qui doit travailler dur sur lui-même, c'est votre vérité – vous devrez travailler dur sur vous-même.

Si vous pensez « Je suis Dieu », c'est votre vérité – et vous vous épargnerez un dur labeur sur vous-même ; vous aurez atteint votre but.

Notre problème en tant qu'êtres humains :

Nos difficultés proviennent du fait que nous essayons toujours de devenir quelque chose que nous sommes déjà.

Nous cherchons Dieu partout en dehors de nous-mêmes.

Nous participons à beaucoup de conférences, à des rencontres, à des discussions de groupe, nous lisons des quantités de livres, écoutons des professeurs, des personnalités, des gourous.

Bien que Dieu soit toujours en nous.

Si nous abandonnions cette idée d'« essayer » et acceptions à la place l'idée d'« exister » – nous aurions presque immédiatement une parfaite conscience de la RÉALITÉ.

3. Des perspectives à vous couper le souffle

Je désire encore attirer votre attention sur les perspectives offertes par le Principe LOL^{2}A. J'ai sans cesse montré comment passer de l'état actuel à l'état désiré le plus vite possible et par un minimum d'efforts.

Passons en revue ce que nous avons acquis jusqu'ici :

1. Celui qui critique le monde et les autres gens, celui qui juge et sème des pensées négatives, n'atteindra pas ses buts, ou s'il les atteint, ce sera au prix d'efforts considérables. Loin d'être économique, cette attitude mène à de mauvais résultats, que ce soit dans l'entreprise, en politique, pour le sport ou dans la vie privée.

2. Celui qui connaît la loi action = réaction aura beaucoup moins tendance à critiquer ou à juger. Il essaiera de répandre des pensées positives et constructives. En conséquence, il atteindra ses buts en moins de temps et d'efforts que celui décrit dans le paragraphe 1.

3. Celui qui est capable de lâcher prise atteint ses buts encore plus vite et avec moins d'efforts que celui qui connaît et utilise « seulement » la loi action = réaction.

4. Celui qui, en plus, connaît la loi de l'amour et ose la mettre en pratique atteint ses buts encore plus vite, avec encore moins d'efforts que par les seules lois évoquées ci-dessus.

Le résultat final est celui que Jésus et d'autres grands maîtres nous ont démontré : L'ÉTAT PRÉSENT devient L'ÉTAT DÉSIRÉ. Cela signifie que le temps entre L'ÉTAT PRÉSENT et L'ÉTAT DÉSIRÉ s'est anéanti à zéro. Le temps n'est plus nécessaire pour obtenir un ÉTAT DÉSIRÉ donné. Jésus atteignait toujours ses buts **immédiatement.** Il guérissait les **malades immédiatement.** Il calmait les tempêtes **immédiatement.** Il n'a jamais dit : « Vous guérirez un jour. » Son idée était : « Tu es guéri. »

L'ÉTAT PRÉSENT = L'ÉTAT DÉSIRÉ !

En conséquence, le Principe LOL^2A vous montre comment atteindre vos buts de plus en plus vite et avec toujours moins d'efforts. Les trois étapes : action = réaction, lâcher prise et amour décrivent ce principe. Le Principe LOL^2A conduit à une augmentation de l'amour. Le résultat final, c'est l'état de l'amour inconditionnel, et donc la conscience cosmique.

Maintenant c'est à vous d'essayer.
Vous connaissez la voie et disposez du libre arbitre.

Mais vous savez aussi que cette « voie » n'est en fin de compte pas une « voie ». **Vous êtes déjà arrivé au but ; vous devez simplement en prendre conscience.**

En définitive, il n'existe qu'UN seul but : aimer ce qui EST. Tous les autres buts sont contenus dans celui-là.

Le Principe LOL²A est constitué de trois parties. L'être humain est également constitué de trois parties : corps, âme et esprit. L'évolution humaine passant de l'état purement physique à l'état spirituel correspond à une évolution vers davantage d'amour.

Par conséquent, vous pouvez imaginer le processus suivant pour atteindre un but :

Le Principe LOL²A

État présent = État désiré

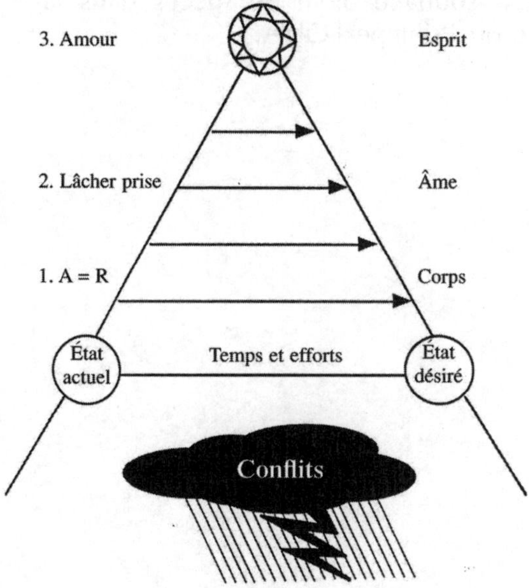

Un individu spécialement attaché à la matière (corps) doit faire beaucoup d'efforts pour atteindre ses buts ; Tout ce fait péniblement, puisque dans sa pensée il n'y a que la matière. C'est épuisant.

Un individu qui parvient à dépasser la matière par la pensée (âme) atteint ses buts avec moins d'efforts ; tout coule plus rapidement. Et tout coule encore bien plus vite lorsqu'un individu parvient à élever sa pensée au niveau de l'esprit – au niveau de l'amour inconditionnel.

Les trois aspects du Principe LOL^2A correspondent donc aux trois aspects de l'être humain : corps, âme, esprit. Mais ces aspects forment un tout, une UNITÉ. Un aspect ne devrait pas être considéré indépendamment des autres ; c'est ce que j'ai démontré dans ce livre.

Je vous souhaite plein de succès dans la mise en pratique du Principe LOL^2A.

Annexes

Notes personnelles.

Ce livre est un ouvrage de travail. Les pages suivantes sont dédiées à vos pensées personnelles.

Notes personnelles

Notes personnelles

Notes personnelles

Remerciements

Je remercie l'intelligence universelle infinie

qui agit à travers moi et tous les autres êtres humains

et qui rendit possible l'écriture de ce livre.

Février 1994
René Egli

Bibliographie

BERENDT, Joachim-Ernst, *Nada Brahma. Die Welt ist Klang*, Rowolth, 1985.

BRAND, Rolf, *Aikido, Lehren und Techniken d. Harman Weg*, Falken Verlag, 1987.

CHARON, Jean-Émile, *L'Esprit, cet inconnu*, Albin Michel, 1977.

CHARON, Jean-Émile, *Les Lumières de l'invisible*, G. Barnet.

DAVIES, Paul, *The Cosmic Blueprint*, Heinemann, 1987.

DÜRCKHEIM, Karlfried Graf, *Wunderbare Katze*, O.W. Barth Verlag, 1975.

FERRUCCI, Piero, *Esperienze delle vette*, Casa Editrice Astrolabio, 1989.

FROMM, Erich, *Die Kunst des Liebens*, Buchclub Ex Libris, 1982.

GARAUDY, Roger, *Appel aux vivants*, Seuil, 1979.

HARTMANN, Franz, *Die Bhagavad Gita*, Bucher der Schatzkammer, 1990.

HESSE, Hermann, *Siddhartha*, Grasset, 2002.

IQBAL, Mohammad, *Les Secrets du soi*, Albin Michel, 1989.

KRISHNAMURTI, Jiddu, *The Flame of Attention*, Krishnamurti Foundation/London, 1983.

KRISHNAMURTI, Jiddu, *Freedom From the Known*, Harper and Row, 1969.

LAO-TSEU, *Tao the king*, Buchclub Ex Libris, 1972.
LASSIER, Suzanne, *Gandhi et la non-violence*, Seuil, 1970.
MATURANA, Humberto et VARELA, Francisco, *El arbol del concocimiento*, 1984.
MAUROIS, André, *Napoléon*, Rowohlt, 1967.
MURPHY, Dr. Joseph, *La Magie de la foi*, Éditions Dangles, 1973.
PERCHERON, Maurice, *Buddha*, Rowohlt, 1967.
RIFKIN, Jeremy, *Entropy : A New World View*, Foundation on Economic Trends, 1980.
ROADS, Michael J., *Au cœur de la nature*, Éditions Vivez Soleil, 1991.
ROSE, Dennis, *Zen-management*, Éditions Dangles, 1992.
STAEHELIN, Balthasar, *Die Welt als Du*, Buchclub Ex Libris, 1970.
TOMPKINS, Peter et BIRD, Christopher, *The Secret Life of Plants*, Harpe Row, 1973.
VOLTAIRE, *Candide*, Reclam, 1983.
WATTS, Alan W., *The Wisdom of Insecurity*, Pantheon Books, 1951.

Le Principe LOL^2A

Hermann Hesse, Voltaire, Lao-tseu, Krishnamurti, le physicien nucléaire J.-É. Charon, Bouddha ou Jésus : René Egli les réunit tous dans son Principe LOL^2A, unique en son genre.

D'une manière simple et totalement nouvelle, cet auteur – dont la pensée créative ne se laisse enfermer dans aucun moule – nous fait redécouvrir une sagesse séculaire.

Jamais auparavant le thème de « l'Amour » n'a été traité de cette façon. L'auteur démontre en quoi l'amour s'applique à l'économie et à la physique, et comment tout problème peut être résolu en utilisant l'amour.

Le monde n'est ni imparfait ni complexe. Le monde est parfait et beaucoup plus simple qu'on ne l'a imaginé. Le Principe LOL^2A est universellement applicable : dans les affaires, en politique, dans le sport et de manière générale dans la vie privée de tout un chacun.

Cela n'a rien d'ésotérique ou de mystique ; cela n'est pas une nouvelle religion. C'est la vie !

« C'est l'idée la plus folle que j'aie entendue ! La logique qui s'en dégage est à vous couper le souffle ! »

Un entrepreneur

Se pourrait-il que la vie ne soit pas nécessairement un combat ?

Se pourrait-il que tout soit beaucoup plus simple que vous ne l'avez jamais pensé ?

Se pourrait-il que vous ayez beaucoup plus de pouvoir que vous ne l'aviez imaginé ?

Le problème ne se trouve pas dans le monde ou dans les autres. Le problème est EN VOUS !

Le paradis attend là, éloigné de vous que d'une pensée – mais VOUS seul pouvez la penser !

Personne ne peut le faire pour vous.

Vous n'avez rien à apprendre ! Vous n'avez besoin d'aucune formation !

Tout ce que vous avez à faire, c'est de jeter par-dessus bord toutes les idées reçues et invalidantes.

10665

Composition
NORD COMPO

Achevé d'imprimer en Slovaquie
par NOVOPRINT
le 15 janvier 2019.

Dépôt légal février 2014.
EAN 9782290086148
OTP L21EPBN000336C004

ÉDITIONS J'AI LU
87, quai Panhard-et-Levassor, 75013 Paris
Diffusion France et étranger : Flammarion